모든 부모는 독서 코칭 전문가가 될 수 있습니다

모든 부모는 독서 코칭 전문가가 될 수 있습니다

초 판 1쇄 2023년 12월 20일

지은이 김지연
펴낸이 류종렬

펴낸곳 미다스북스
본부장 임종익
편집장 이다경
책임진행 김가영, 박유진, 윤가희, 이예나, 안채원, 김요섭, 임인영

등록 2001년 3월 21일 제2001-000040호
주소 서울시 마포구 양화로 133 서교타워 711호
전화 02) 322-7802~3
팩스 02) 6007-1845
블로그 http://blog.naver.com/midasbooks
전자주소 midasbooks@hanmail.net
페이스북 https://www.facebook.com/midasbooks425
인스타그램 https://www.instagram/midasbooks

© 김지연, 미다스북스 2023, *Printed in Korea*.

ISBN 979-11-6910-419-7 03190

값 **19,000원**

독서 지도 전문가가 전하는 내 아이 성적 두 배로 올리는 법

모든 부모는 독서 코칭 전문가가 될 수 있습니다

김지연 지음

미다스북스

차례

들어가는 글

　우리 아이들은 하루를 어떻게 보내고 있나요? 아침에 눈을 떠 학교에 갔다가 어디로 가나요? 대부분 학원일 것입니다. 학원에서 돌아오면 숙제하고 시간이 남으면 게임도 하겠지요. 아이들이 열심히 다니고 있는 학원, 아이들에게 얼마나 도움을 줄까요?

　흥미로운 실험을 했습니다. 유창한 교사와 어눌한 교사가 있습니다. 둘 중 누구의 수업을 들었을 때 아이들의 뇌가 더 반짝반짝 빛이 날까요? 유창한 교사의 수업이 훨씬 더 도움이 되지 않을까요? 놀랍게도 아무런 차이가 없다는 결과가 나왔습니다. 왜 이런 결과가 나왔을까요? 교사가 어떤 능력을 지녔든 두 경우 모두 '수동적인 지식 전달'이라는 사실은 같기 때문입니다.

　공부에는 듣는 공부와 읽는 공부가 있습니다. 선생님의 이야기를 일방적으로 들을 때 우리 아이들의 뇌는 마치 게임을 할 때나 유튜브 영상을 볼 때, 혹은 잠을 잘 때와 같이 회색으로 죽어 있다고 합니다. 반면에 아이가 스스로 읽으면서 무슨 뜻인지 이해하려고 애쓸 때는 두뇌의 시냅스들이 서로 연결되어 반짝반짝 빛나고 있습니다. 아이의 뇌는 그 순간 공부를 잘하는 뇌로 발달하고 있는 것입니다.

읽기를 할 때 뇌의 작용에 관한 연구는 이미 많이 이루어졌습니다. 그만큼 신뢰할 수 있는 연구 결과들이 많다는 말입니다. 독서가 아이들에게 익숙해지면 전두엽이 발달하고 좌뇌와 우뇌의 넓은 부위가 활성화됩니다. 뇌가 발달하여 빠른 시간에 아주 많은 양의 정보를 정확하게 전달할 수 있게 됩니다. 숙련된 독서가들은 이해가 빠르고 정확하며 비판적으로 사고하고 올바르게 추론할 수 있습니다. 그러므로 꾸준한 독서는 전두엽을 자극하고 발달하는 가장 좋은 활동입니다.

아이들이 학원에 다니고 있지만 실제로 아이들에게 얼마나 많은 도움이 되고 있는지는 잘 따져 보아야 합니다. 열정적인 선생님에 비해 아이가 수동적으로 자리에 앉아만 있다면 아무런 의미가 없을 테니까요. 그렇다면 방대하고 어려운 초, 중고등 학습을 집에서 혼자 스스로 읽고 해야 한다는 말일까요? 사실 그것은 불가능에 가깝습니다. 학교에서도 학원에서도 열심히 듣고 이해하는 것은 중요한 일입니다. 그렇다면 하나라도 더 알려주고자 열정적으로 강의하는 학교, 학원 선생님의 수업을 들으면서 무엇을 해야 할까요? 정답은 스스로 읽기입니다. 선생님이 읽고 있는 부분이 교재의 어느 부문에 있는지 함께 눈으로 읽어야 합니다. 선생님이 하는 말이 무엇인지 끊임없이 이해하며 궁금한 점을 메모했다가 해답을 찾으려고 노력해야 합니다. 그리고 무엇보다 가장 중요한 것은 수업을 다 듣고 나서 배운 것에 대해서 아이가 스스로 읽고 이해하고 내 것으로 만드는 과정을 반드시 거쳐야 한다는 것입니다.

공부는 누가 하는 것일까요? 바로 아이입니다. 선생님이 아이를 대신해서 시험을 치러 갈 수는 없습니다. 그러므로 아이가 직접 읽고 아이가 직접 써야 합니다. 단순히 학원 가방만 들고 왔다 갔다 하고 있다면 우리 아이의 성적에는 변화가 없습니다. 잘 가르쳐 주는 학원에 등록했다면 학원에 가기 전과 다녀온 후 반드시 배운 것에 대해 스스로 정독하면서 익혀야 합니다. 듣는 공부에서 읽는 공부로 전환하는 절대적인 시간을 반드시 가져야 합니다.

저 역시 중학교와 입시 학원에서 오랫동안 중·고등학생을 가르쳤습니다. 아이들에게 학교에서 배우는 진도에 맞추어 소설을 읽어 주고 주제가 무엇인지, 시점과 특징은 무엇인지 알려주었습니다. 소설과 시, 수필, 극 문학의 갈래별 특징을 알려주고 모르는 문제는 일일이 모두 설명하며 가르쳐 주었습니다.

어느 날, 중학교 교실에서 늘 국어 점수가 70점에서 80점대인 아이에게 초등학교 때의 국어 성적을 물어보았습니다. 아이는 늘 100점이거나 실수로 한두 개를 틀렸다고 했습니다. 말이 나온 김에 반 전체 아이들에게도 초등학교 때 국어 단원 평가 성적을 물었습니다. 중학교 현재 성적이 뛰어난 아이들을 포함에서 70점에서 80점대의 아이들은 초등학교 때 모두 높은 성적을 받았습니다.

그러면 왜 초등학교 때 성적이 잘 나오던 아이가 중학교에서는 높은 점수를 받지 못하는 것일까요? 그 답은 바로 독서에 있었습니다. 높은 성적을 계속해서 유지하는 아이들은 초등학교 때부터 독서를 통해 탄탄하게 읽기 능력을 쌓아온 아이들이었습니다. 반면에 중학교 때 중 하위의 점수를 받는 아이들은 초등학교 때 책을 거의 읽지 않은 아이들이었습니다. 혹은 초등 저학년까지만 책을 읽은 아이들입니다. 초등학교 때는 자기 학년에서 알아야 하는 최소한의 것이 문제로 나옵니다. 책을 많이 읽지 않아도 어느 정도의 성적을 받는 것이 가능합니다. 하지만 중학교부터는 스스로 읽는 힘이 없으면 불가능합니다.

10년이 넘는 시간 동안 입시 현장에서 국어를 가르쳤지만, 아이들에게 내가 해줄 수 없는 영역이 있다는 것을 깨달았습니다. 선생님이 아무리 앞에서 손짓과 발짓을 해가며 목이 터지라고 설명하고 알려줘도 중요한 것은 따로 있었습니다. 중학교와 고등학교 학습을 잘하려면 아이가 스스로 학습할 힘이 필요하다는 것입니다. 스스로 학습하는 힘은 바로, 읽기 능력. 즉 문해력입니다. 읽기 능력은 누군가가 가르쳐 준다고 생기지 않습니다.

저도 아이를 키우고 있습니다. 아이들에게 열심히 책을 읽어 주었더니 한글을 스스로 익히고 어리지만 엉덩이 무겁게 앉아서 무언가에 집중하는 모습을 보면서 더욱 확신이 생겼습니다.

'국어 영어 수학 학원에 다니면서 그것을 오롯이 받아들여 효과를 발휘하려면 스스로 읽고 이해하는 힘을 길러야겠구나. 아이들에게 제대로 읽고 읽은 것을 글로 표현할 수 있는 절대적인 시간과 공간을 마련해 주어야겠구나.'

독서는 우리 아이들을 어떻게 변화시킬까요? 아이가 스스로 책을 읽으면서 글의 의미를 파악하는 문해력이 발달하게 됩니다. 그 과정에서 어휘력, 배경지식이 쌓이는 것은 당연합니다. 어휘력과 배경지식을 바탕으로 쌓인 문해력은 사고력을 더욱 끌어올려 주고 이는 학습 능력 향상을 불러옵니다. 건강한 학창 시절을 보내기 위해서는 학습 능력만 필요한 것이 아닙니다. 학습을 즐겁게 이어 나갈 수 있는 정신적 성숙함이 동반되어야 합니다. 독서는 우리 아이를 자기 주도적으로 꿈을 키우며 타인을 돌아보는 성숙한 인격체로 성장시킵니다. 이 모든 과정은 닭이 먼저냐, 달걀이 먼저냐의 싸움처럼 서로 먼저랄 것 없이 좋은 영향을 미치며 더욱 견고하게 다듬어집니다.

제가 이 글을 쓴 목표는 오직 한 가지입니다. 아이들이 책을 많이 읽고 행복하게 학습하는 것. 이것밖에 없습니다. 독서 코칭 학원을 운영하면서 독서와 글쓰기의 효과를 눈으로 확인하고 있습니다. 아이들이 독서를 통해 학습적으로 인성적으로 성장하는 모습을 보면서 일에 대한 확신이 생겼습니다. 아이들을 코칭 하며 매일 고민합니다. 부모도 같은 고민을 할 것입니다. 그래서 도움을 주고 싶습니다. 다양한 정보 서적들에서 알려주는 독서와 글쓰기 방법을 실제 수업에서 어떻게 적용하는지, 아이의 성향과 기질에 따라 어떻게 달라지는지 실제로 수업 현장에서 겪은 사례들을 소개하고자 합니다. 독서 코칭을 하면서 얻은 결론을 바탕으로 가장 중요하다고 생각하는 것을 세 가지로 정리했습니다.

　'제대로 읽기, 읽기보다 어려운 쓰기를 즐겁게, 내적 성장을 이루는 독서를 초등 저학년에서 멈추지 마세요.'

　각각의 주제를 자세히 다룰 예정입니다. 실제 현장에서 아이들의 모습을 각각의 주제에 맞게 소개하고 구체적으로 어떻게 실천하면 좋을지 방법 또한 자세하게 정리하였습니다. 아이들의 변화된 모습도 함께 수록하였습니다. 많은 아이가 책을 읽고 책과 가까워지기를 바라는 간절한 마음으로 집필했습니다. 독서가 중요하다는 사실을 뼛속 깊이 알고 실천할 수 있는 구체적인 방법을 실으려고 노력했습니다. 아이가 책을 읽으면 부모도 편해집니다. 그러려면 부모가 독서 코칭 전문가가 되는 수밖에 없습니다. 내 아이의 독서 코칭 전문가가 될 수 있도록 책을 통해 많은 도움을 얻었으면 좋겠습니다.

독서 교육 현장의 진실,
초등 성적을 믿지 마세요

독서는 우리 아이가 살아갈 세상에 평생 버팀목이 되어줄 든든한 친구입니다.

책이라는 친구를 만들어 주기 위해 부모가 명심해야 할 것은 무엇일까요?

초등학교 성적은 좋았거든요, 어깨 뽕이 내려가는 엄마들

독서 학원을 방문하는 학부모들은 다양한 고민을 하고 있습니다. 아이가 책을 좋아하지 않거나 주야장천 만화책만 읽어대서 걱정인 경우가 많습니다. 또는 책은 좋아하지만 쓰지 않으려고 해서 고민인 경우도 있지요. 때로는 책을 좋아하고 많이 읽는데도 성적이 오르지 않아 답답하다는 고민도 있습니다.

재작년 여름방학, 동진이 어머니는 초등학교 3학년이었던 동진이를 독서 학원에 보내기 위해 상담차 방문했습니다. 이제 3학년이 되었으니 책을 읽어야 하는 것이 아닐까, 주변에서도 독서가 중요하다고 하니 본격적으로 책을 읽히고 싶다고 했지요. 동진이는 책을 별로 좋아하지 않아서 부모의 강요가 아니면 일주일에 한두 권 정도만 읽는 수준이었습니다. 동진이가 어떤 영역의 책을 좋아하는지 어떤 과목을 힘들어하는지 이런저런 이야기를 나누었습니다. 일반 초등학교에 다니고 있었기 때문

에 담임 선생님이 단원 평가를 얼마나 자주 시행하는지 또, 성적은 어떤 지도 물어보았습니다. 어머니는 동진이가 책을 좋아하지는 않지만, 국어 영어, 사회, 과학, 수학 모두 백 점을 맞는다고 하였습니다.

초등학교에서는 어떤 문제를 출제할까요? 일반 초등학교에서는 우리 아이가 알아야 하는 가장 기본적인 것들이 문제로 출제됩니다. 우리 아이가 3학년이라면 3학년 과정에서 '이것만은 알아야 해. 이것도 모르면 안 돼.' 하는 기초적인 것을 평가받게 됩니다. 많은 선생님은 아이들의 성취동기를 자극하기 위해 주로 쉬운 문제를 출제합니다. 지금 우리 아이가 가지고 온 단원 평가 시험지가 있다면 한 번 확인해 보아도 좋습니다. 간혹 길이가 조금 긴 문제가 몇 문제 있기는 하지만 아이의 학년에서 읽고 이해할 수 있는 수준의 문장으로 출제가 됩니다. 초등학교 단원 평가에서 90점 이상의 점수를 받는다면 우리 아이가 현재 초등학교 학년에 맞추어 지극히 잘 학습하고 있다고 생각하면 됩니다. 다만 이 결과가 중학교, 고등학교까지 이어진다는 뜻은 절대 아닙니다.

많은 부모는 아이가 책을 읽지 않아도 초등학교 성적이 좋으니 중·고등학교에 가도 높은 성적을 유지할 것이라는 기대를 합니다. 시중에 판매되고 있는 온라인 학습을 통해 모든 과목 강의도 듣고 영어 수학 학원에도 착실히 다니고 있으니 중학교 학습을 잘 준비하고 있다고 생각합니다. 물론 아이의 학습에 많은 관심을 가지고 이것저것 놓치지 않으려는 마음 잘 알고 있습니다. 하지만 중학교에 진학하여 처음으로 '중간고사'라는 것을 치르고 나면 '우리 아이 점수가 왜 이렇지?' 하며 당황하는 부모가 많습니다. 아이들도 초등학교 때와는 다른 본인의 점수에 적지 않은 좌절을 경험합니다. 소위 말하는 '멘붕'인 셈이지요.

좀 전에 말했던 동진이 어머니는 한참 설명을 듣고 그제야 중학교 1학년과 2학년 형 이야기를 꺼냈습니다.

상담했을 당시 중학교 1학년이었던 형, 동성이는 초등학교 때 남들이 부러워하는 모범생이었다고 합니다. 학습 태도도 바르고 그날 해야 할 학원 숙제도 밀리는 법이 없었습니다. 학교에서는 반장과 전교 회장을 도맡아 할 정도로 아이들이나 선생님과의 관계도 좋았지요. 초등학교 단원 평가 점수 또한 늘 100점이거나 실수로 한두 개 틀리는 정도였기에 만족스러운 초등학교를 보낸 셈입니다. 그런데 문제는 중학교 중간고사를 치고 나서부터였습니다. 중간고사 국어 성적이 기대와는 전혀 달랐습니다. 결과는 74점. 초등학교 6년 동안 한 번도 받아보지 못하던 점수를 받아 온 것입니다.

중학교 2학년이던 큰형 동원이는 나름대로 책을 좋아하는 아이였습니다. 둘째 동성이에 비하면 훨씬 많은 책을 읽었다고 합니다. 이유는 간단했습니다. 엄마가 책을 읽는 모습을 좋아한다는 것을 알았기 때문입니다. 그때부터는 엄마에게 잘 보이려고 책을 보는 시늉을 했던 것입니다.

동원이는 책을 들고는 있었지만 한 권 두 권 책 양만 채울 뿐 제대로 된 독서는 하지 못했습니다. 진짜가 아닌 가짜 독서를 한 셈입니다. 역시나 초등학교 때는 모습을 감추고 있던 읽기 능력이라는 녀석이 수면 위로 존재를 드러내면서 국어 성적은 70점 이상을 기대하기 어려웠다고 합니다.

이런 현상이 비단 동원이와 동성이에게만 일어날까요? 안타깝지만 아주 많은 아이가 이러한 경험을 하고 있습니다. 제가 가르친 수많은 아이가 초등학교 때 영어, 수학 위주의 학원에 큰 비중을 두기 때문에 진짜 자기의 실력으로 공부해야 하는 중학교에 가서는 여지없이 무너지고 맙니다. 또는 책을 읽기는 하지만 제대로 읽지 못하고 결국 책에 흥미를 붙이지 못한 채 중학교, 고등학교에 진학하게 되고 학습에 많은 어려움을 겪습니다.

아이와 부모에게 좌절을 주는 과목이 국어뿐일까요?

사람들은 책을 읽으면 국어 성적이 오른다고 생각합니다. 백번 맞는 말입니다. 그런데 책을 읽으면 국어 성적만 오를까요? 국어뿐만 아니라 모든 과목 성적이 올라갑니다. 독서를 통해 문해력을 쌓은 아이는 국어뿐만 아니라 다른 과목에서도 두각을 나타내기 시작합니다. 바꿔서 말하면 독서하지 않은 아이가 중학교에 가서 처음으로 받아 온 성적표를 보면 국어뿐만 아니라 다른 과목에서도 좌절을 맛볼 수 있다는 말입니다.

중학교의 사회, 과학, 영어의 수준이 올라간 만큼 아이의 읽기 능력이 어깨를 나란히 함께 향상하지 못했기 때문입니다.

특히 중학교 도덕 과목에 나오는 내용은 문해력이 없는 아이에게는 뜬구름 잡는 소리로밖에 들리지 않습니다. 아이들은 도무지 이해하기가 힘듭니다. 도덕 시험을 망친 아이에게 우스갯소리로 '너 도덕적이지 않구나?' 하는 농담이 통하지 않습니다. 도덕은 더 이상 '길에 쓰레기를 버리면 안 된다.'는 문장을 가르치지 않지요. 중학생들이 배우는 도덕 과목에는 그만큼 고차원적인 어휘와 문장들이 등장한다는 이야기입니다. 다음은 중학교 1학년 1학기 도덕 자습서의 일부를 가져온 것입니다.

---

❸ 도덕적 추론과 비판적 사고는 어떻게 할까?

 1. 도덕적 추론의 의미와 작용

(1) 도덕적 추론 : 도덕적인 사고를 통해 도덕적인 의미를 새롭게 구성하는

  탐구 방법

(2) 도덕적 추론의 과정

도덕 원리 : 모든 사람의 행위에 보편적으로 적용될 수 있는 도덕 기준

사실 판단 : 있는 그대로 참과 거짓을 객관적으로 확인할 수 있는 판단

도덕 판단 : 도덕적 문제에 대하여 도덕적 관점에서 내리는 판단

(3) 도덕적 추론의 적용 – 딜레마의 상황에서 찬반 의견 분석 – 보편적 도

1장 | 독서 교육 현장의 진실, 초등 성적을 믿지 마세요   23

어떤가요? 이해가 선행되지 않으면 단순 암기조차 하기 힘든 내용입니다. 단순 암기를 해서도 안 되지만 단순 암기라도 해서 일단 '언 발에 오줌 누기' 식으로 넘어가 보려고 해도 불가능하다는 말입니다. 초등학교 시절 책을 읽어서 읽기 능력을 쌓지 않은 중학교 1학년이 이 부분을 읽고 어떤 생각을 할까요? 학습을 포기하고 싶은 생각이 드는 것은 절대 과장이 아닐 것입니다. 현실이 이러니 초등학교 때 한껏 올라갔던 엄마들의 '어깨 뽕'이 자꾸만 낮아지는 일이 부지기수로 벌어지고 있는 것입니다.

만약 도덕 교과서를 읽고 이해할 만큼의 문해력을 가졌다면, 교과서에서 알려주는 것을 체득하고 스스로 적용하여 유의미한 효용을 느낄 것이고 그 아이는 비로소 도덕적인 아이로 성장할 것입니다. 이상적인 독서는 바로 이런 것입니다.

공부는 엄마의 어깨를 살려주기 위해서 하는 것은 아닙니다. 그러니 부모의 으쓱함은 내려두고서라도 읽기 능력이 없는 아이가 중학교에 진학하면 자신감을 잃게 됩니다. 좌절을 맛보게 되지요. 고등학교에 진학하면서 그 정도는 더 심해집니다. 초등 교육의 현실이 이렇습니다. 상대적으로 시간이 많은 초등학교 시절에 책을 많이 읽어서 문해력을 쌓아두 어야 하는 이유는 차고 넘칩니다. 이미 많은 경우를 접했습니다. 앞으로 더 많은 아이를 통해 알려드릴 예정입니다.

초등 3학년 동생을 등록하러 왔다가 중1, 중2 형을 등록하고 간 동진 이 어머니의 마음을 이해할 수 있겠지요? 늦은 시기는 없습니다. 문해력 을 쌓기에 효과적인 시기는 바로 지금입니다.

우리 아이들이 살고 있는 세상은?

    우리는 대부분 입시라는 큰 산을 넘습니다. 아이를 낳기 전에는 내가 입시를 치르기 위해 고군분투했을 것이고 아이를 낳고 나서는 내 아이의 입시를 위해서 열과 성을 다합니다. 높은 성적이나 좋은 대학이 지금 당장 행복을 가져다주는 것도 아니고 인생의 전부도 아닙니다. 대학은 시작일 뿐 입학 후 어떻게 하느냐가 더 중요합니다. 그럼에도 입시가 중요한 이유는 대학은 우리 아이들의 꿈을 펼치기 위해 첫발을 내딛는 배움의 장이기 때문입니다. 그 출발을 멋진 곳에서 하고 싶은 마음은 아이와 부모 모두 마찬가지입니다. 또한 입시는 학창 시절 아이의 성실함을 보여주는 척도입니다. 얼마나 인내하고 열심히 학창 시절을 보냈는지를 알 수 있는 첫 번째 결과물이라고 할 수 있습니다.

    2015년 개정 교육과정에서는 교육이 추구하는 인간상으로 자주적인 사람, 창의적인 사람, 더불어 사는 사람, 교양 있는 사람을 내세우고 있습니다. 이러한 요구에 발맞추기 위해서는 다양한 영역의 책을 읽어 논리적인 사고력을 바탕으로 창의적인 생각을 자기 주도적으로 할 수 있어야 합니다.

특히 지금의 입시 제도에서는 아이가 알고 있는 지식을 물어보지 않습니다. 단편적인 지식 암기 능력보다는 제시된 정보를 통합적으로 깊이 있게 이해하여 새롭게 추론하고 비판할 수 있는 능력이 있는지를 판가름합니다. 이치에 맞는지 꼼꼼하게 따져 보고 옳은 방법을 제시할 수 있어야 합니다. 처음 보는 낯선 내용의 텍스트라도 제대로 읽고 깊이 있게 이해하고 문제를 해결할 수 있어야 합니다. 거기서 그치는 것이 아니라 나만의 관점으로 새롭게 재창조할 수 있어야 하겠지요.

서울대 '학생부 종합전형 안내' 책자에도 독서의 중요성이 명시되어 있습니다.

"예비 서울대 학생이라면 독서는 기본입니다. 독서는 모든 공부의 기초가 되며, 대학 생활의 기본 소양입니다. 어떤 분야의 책이든지 읽고 또 읽어가는 사이에 생각하는 힘, 글쓰기 능력, 전문지식, 의사소통 능력, 교양이 쌓여갈 것입니다. 타의에 의한 수박 겉핥기식 독서는 도움이 되지 않습니다. 수

많은 책 가운데 그 책이 나에게 왜 의미가 있었는지, 읽고 나서 나에게 어떤 변화를 주었는지 깊이 생각하기를 바랍니다. 서울대학교는 독서를 통해 생각을 키워온 큰 사람을 기다립니다."

- 2022학년도 서울대학교 학생부 종합전형 안내

책자에서도 알 수 있듯이 대학은 단순히 고등학교 3년 열심히 암기한 아이를 뽑을 생각이 전혀 없습니다. 대학을 시작으로 지적 호기심을 가지고 스스로 탐구하고 발전하려고 노력하는 사람을 뽑는다는 이야기입니다.

대학은 대학을 빛내줄 인재를 선발하기 위해서 학생부 종합전형과 정시라는 수단을 동원합니다. 여기서 우리 아이들이 치러야 할 입시에 대해 조금 더 세부적으로 알아보겠습니다. 표준 대입전형 체계에 따르면 전형 유형은 크게 '수시'와 '정시'로 나누어집니다. 수시전형에서 가장 큰 비중을 차지하는 것은 '학생부 종합전형'이고 정시는 수능성적을 위주로 학생을 선발합니다.

학생부 종합전형은 입학사정관 등이 참여하여 학교 생활기록부에 기록된 교과(교과 이수 현황, 교과 성적, 교과 세부능력 특기사항)와 비교과(창의적 체험 활동, 행동 특성 및 종합의견 등), 면접 등을 통해 학생을 종합적으로 '정성' 평가하는 전형입니다. 쉽게 풀어 설명하면 학교생활의 성적과 태도 등을 전반적으로 모두 반영하여 선발한다는 뜻입니다.

그런데 중요한 사실은 '학업 역량'과 '진로 역량'을 평가할 때 특히 독서 활동이 중요하다는 점입니다. 학업 역량에서 독서를 통해 학생의 주도적인 학습 능력을 보여줄 수 있으며, 진로 역량에서도 독서를 통해 자신의 진로에 관한 노력의 정도를 보여줄 수 있기 때문입니다. 또한 자기 주도성을 중요한 항목으로 고려하는데 교과 학습 내에서 주도적인 학습 태도를 보여줄 수 있는 중요한 수단이 바로 독서입니다.

대학은 탐구력을 평가하기 위해서 다양한 탐구 활동을 얼마나 자발적으로 참여했는지 파악해야 합니다. 이를 위해 독서 활동, 글쓰기를 얼마나 적극적이고 자발적인 의지로 참여했는지 확인한다고 합니다. 고등학교 학생부 전형에서 독서가 얼마나 중요한지 잘 보여주는 대목입니다.

정시는 또 어떤가요? 수능 세대로서 실제로 수능을 치렀거나 요즘 수능 시험지를 본 사람이라면 수능이란 전형이 암기와는 거리가 멀고도 먼 시험 유형이라는 것을 잘 알 수 있습니다. '수학능력', 말 그대로 수학, 학문을 익히는 능력을 측정하는 시험으로 대학 교육을 이어 나가기 위한 역량을 지니고 있는지를 판단하는 시험이지요. 우리 아이들이 단순히 암기만을 해서는 중, 고등 학습을 따라가기도 어렵지만 그렇게 해서도 안 되는 이유가 극명하게 보이는 대목입니다.

대학을 졸업하고 나면 어떨까요? 미래의 일자리 이야기를 빼놓을 수 없습니다. 우리 아이들이 앞으로 로봇과 경쟁해야 한다는 이야기는 이제 식상 할 만큼 많이 들어왔습니다. 그만큼 우리에게 가까이 닿아 있는 현실이라는 말입니다. 하지만 이런 현실에서도 문해력을 향상하기 위한 독서의 중요성은 점점 더 커지고 있습니다.

지식은 끊임없이 변하기 때문입니다. 과거에 누구나 믿었던 이론이 현재는 말도 안 되는 소리가 되기도 하고 손안의 사전, 모바일 기기만 열면 세상의 모든 지식을 손가락 운동 몇 번으로 획득할 수 있습니다. 이 말은 지식을 아는 것이 중요한 것이 아니라 지식을 창조할 수 있는 역량이 중요하다는 말입니다. 쉽게 말해서 로봇과 경쟁하려면 내가 로봇을 조종하는 능력을 갖추면 된다는 것입니다. 이미 있는 정보도 제대로 파악하지 못한다면 정보를 재창조하고 AI 기술을 개발하여 로봇을 조종하고 관리할 수 있을까요? 이는 마치 뒤집기가 한창인 아기에게 줄넘기하라는 것과 같은 말입니다. 미래 사회에도 기본은 문해력입니다. 그러니 불안해하지 말고 우리 아이의 뿌리가 단단하게 내릴 수 있게 독서라는 나무를 심어주세요.

우리 아이들이 살아가야 할 세상을 종합해 보면 이렇게 네 가지 압축할 수 있습니다.

첫째, 단순 암기는 아무런 힘이 없습니다.

둘째, 독서를 통한 읽기 능력으로 중고등 학습에 대비해야 합니다.

셋째, 대학은 독서를 바탕으로 한 능동적이고 자기 주도적인 인재를 기다리고 있습니다.

넷째, 사회에 나가서도 미래 세계가 요구하는 다양한 문해력을 기르기 위해서 독서는 끊임없이 이어져야 합니다.

평생 가져야 할 독서 습관을 만들 수 있는 가장 적절한 시기는 중학생이 되기 전, 초등학생 때, 이 책을 읽고 있는 바로 지금입니다.

3

독서가 전부, 지겹도록 떠올려야 합니다

앞서 말씀드린 이유로 너도나도 책 좋아하는 아이를 만들기 위해 다양한 방법을 활용합니다. 다만 '문제'가 있습니다. 어릴 때는 책을 열심히 읽어 주다가 3, 4학년쯤 되면 입시 학원 쪽으로 방향을 돌린다는 것입니다. 이제 고학년이 되었으니 영어 수학에 치중해야 한다고 생각하는 것입니다. 물론 영어, 수학 학원의 필요성이 커지고 보내야 하는 것도 사실입니다. 다만 독서의 비중을 줄이는 것이 '문제'라는 것이지요. 독서가 중요하다는 것을 알면서도 주변의 시류에 따라서 '가르치는 학원'으로 중요도를 옮기는 경우가 많습니다. 인정하기 싫겠지만 이것이 바로 우리 아이 입시를 망치는 가장 큰 실수입니다. 영어 수학 학원에 보내지 말라는 이야기가 아닙니다. 독서를 반드시 병행해야 한다는 말입니다.

스스로 읽지 않고 정보 전달을 하는 학원만 다니는 아이들의 경우 당장에는 문제를 느끼지 못합니다. 앞서 말했듯이 초등학교 저학년 때는 늘 모든 과목 단원 평가에서 90점 이상의 성적을 받아 왔던 아이가 초등 고학년이 될수록 혹은 중학생이 되어서는 성적이 점점 떨어지기 시작합니다. 물론 책을 전혀 읽지 않아 초등학교 때부터 학습 능력이 현저히 떨어져서 자기 학년의 교과서조차 읽지 못하는 아이들도 많이 있습니다.

이런 경우에 독서를 통해 읽기 능력을 키우지 않고 중학교, 고등학교에 진학하면 스스로 학습을 이어 가기 힘들어집니다. 하지만 이 사실을 잘 모르고 중, 고등학교에 가서 시험 성적이 잘 나오지 않을 때마다 애꿎은 국어, 영어, 수학 학원을 여기저기 옮겨 다니거나 사회 과학 강의 수를 늘리는 경우가 많습니다. 또는 고액의 과외를 하기도 하지요.

비싼 교육비를 내고 입시 학원에 다니는데 정작 아이의 성적에는 변화가 없습니다. 초등학교 때 잘 못했던 아이는 물론이고 초등학교 때 잘했던 아이들조차도 중학교에 가서 일정 점수를 넘어서지 못합니다. 고등학교에서는 전체 9등급 중 5등급 이상을 받지 못하는 경우가 많지요. 부모뿐 아니라 입시의 한복판에 있는 아이들이야말로 답답하고 초조한 마음일 것입니다.

아이가 스스로 읽는 공부보다 더 좋은 공부 방법은 없습니다. '메가 스터디' 입시 학원의 유명 강사인 현우진 강사가 올린 영상이 있습니다. 강사는 공부를 지속해서 많이 하면 성적이 계속 오를 줄 알았는데 그게 아니었다고 합니다. 그때 이런 생각을 합니다. '텍스트를 읽을 능력이 없으면 더 이상 공부를 할 수 없겠구나.' 그래서 중학교 2학년 때 모든 공부를 접었습니다. 그 후 석 달 동안 읽을 수 있는 책은 모두 읽었고 그 책이 국어책, 영어책을 포함해서 모두 200권이 넘었습니다. 어느 날 아침에 아버지가 보는 신문을 옆에서 보았는데 깜짝 놀랐다고 합니다. 한 문단이 한눈에 들어오는 경험을 한 것이지요. 그때 이런 생각을 했다고 합니다. '이제 공부하는 속도가 빨라지겠구나.' 3월부터 다시 공부를 시작했고 그 이후로 단 한 번도 일등을 놓친 적이 없다고 합니다.

읽는다는 것은 그 글자의 소리를 알고 의미를 이해하기 위해 끊임없이 '생각'을 하는 과정입니다. 오늘 저녁에 짜장면을 먹을지 짬뽕을 먹을지 고민하는 것과는 차원이 다른 '생각'입니다. 문자를 소리로, 소리를 이미지로 바꾸고 단어를 이해하고 나면 구를, 구를 이해하고 나면 문장을 이해하게 됩니다. 문장이 모여서 문단이 되고 문단을 이해하면 그 문단의 중심 내용이 무엇인지 머릿속에 그려야 합니다. 다음 문단을 읽으면서 문단과 문단의 관계를 파악하고 글 전체로 확장하여 주제를 파악합니다. 이 일련의 과정들이 글을 읽는 동안 쉴 새 없이 머리에 쥐가 날 정도로 반복되고 있는 것입니다.

생각을 많이 한다는 것은 언어능력을 끌어올리는 데 가장 중요한 요소입니다. 제대로 된 독서를 하기 위해서는 글자를 읽으면서 쉬지 않고 뇌를 움직여야 합니다. 그 과정에서 사고력이 '대단히' 발달하게 됩니다. 감히 말씀드리지만 '대단히'입니다. 즉, 읽는 행위 자체가 아이가 공부를 잘하게끔 만들고 있다는 것입니다.

거듭 말하지만 아이 스스로 읽어야 합니다. 읽는 습관을 길러야 합니다. 읽는 경험을 해야 합니다. 이것이 앞으로 과외비를 수천만 원 아끼는 방법입니다. 듣는 공부에 익숙해져 있는 아이들은 스스로 생각하는 능력이 점점 떨어집니다. 누군가가 설명해 주지 않으면 스스로 알아내려고 하는 능동적인 태도가 전혀 발현되지 않습니다. 자꾸만 수동적인 아이가 됩니다. 내가 무엇을 잘하고 무엇이 부족한지 생각하지 못하고 수동적으로 끌려다니게 됩니다. 그렇게 되면 그다음 순서는 무엇일까요? 생각 없이 학교에, 학원에, 집 책상 앞에 앉아 있게 되는 것입니다.

독서가 이만큼이나 중요하다는 것은 알았는데 무작정 읽히기만 하면 될까요? 독서를 '강제로 시키는 것'은 쉬운 일입니다. 다행히도 아직 우리 초등학생들은 엄마의 말을 그래도, 들어주는 시늉은 하기 때문입니다. 시늉이라는 말에서 알 수 있듯이 부모의 말을 거역하지 못하니 부모의 강요로 책을 붙들고 있을 수는 있다는 말입니다. 책을 펴 놓기만 한 우리 아이의 모습이 머릿속에 떠오르신다면 바로 그 모습이 맞습니다. 참으로 속상한 장면입니다.

방금 말씀드린 독서는 안타깝게도 독서가 아닙니다. 그러면 뭐라고 부를 수 있을까요? 저는 이것을 '시간 낭비'라고 부르고 싶습니다. 책을 읽고 있는 것 같지만 정말 읽기는 아닙니다. 그럴 바에는 그 시간에 차라리 운동장에 나가서 열심히 뛰어노는 것이 훨씬 도움이 됩니다. 건강한 신체라도 얻을 수 있으니까 말이지요. 앞으로 실제로 아이들이 어떻게 시간 낭비를 하고 있는지는 사례를 통해 더 자세히 알려줄 예정입니다.

생각을 많이 해야 언어능력, 즉 읽기 능력과 사고력이 향상된다고 했는데 생각이 빠진 독서를 하고 있다면 어떻게 해야 할까요? 제대로 읽을 수 있도록 도와주어야 합니다. 우리 아이들이 모두 스스로 읽기 독립을 이루어 심심하면 스마트폰 대신에 책을 보는 아이면 얼마나 좋을까요? 하지만 아이들에게는 책보다 훨씬 재미있는 것들이 너무나 많습니다. 읽을 수 있도록 도와주지 않는다면 아이는 지금 당장 더 재미있는 것을 선택하겠지요. 당연한 이치입니다.

그러려면 책을 읽을 수 있는 환경을 만들어 주어야 합니다. 그리고 읽는 시늉이 아니라 진짜로 제대로 읽는 방법을 터득할 수 있도록 함께 애써야 합니다. 그래야 아이에게 재미있는 것이 스마트폰이 아니라 책이 될 수 있습니다.

이것은 우리나라의 미래가 달린 일입니다. 너무 거창한 이야기라 생각할 수 있습니다. 하지만 절대 거창한 이야기가 아닙니다. 독서는 인재를 키우는 가장 바람직하고 적합한 방법입니다. 인재가 없으면 우리나라의 미래는 어두울 수밖에 없습니다. 저와 부모의 어깨가 무거운 이유가 여기에 있습니다. 일찍부터 미디어에 노출되어 게임과 유튜브에 잠식된 아이들에게 책이라는 친구를 만들어 주는 것이 우리가 해야 할 역할입니다. 인생에 정답은 없지만 정답의 힌트를 줄 수 있는 좋은 친구를 평생 곁에 둘 수 있다면 그것이야말로 행복하고 든든한 일이 아닐까요? 아이가 다니고 있는 국어, 영어, 수학 학원이 어디든 아이 성적이 학원의 이름에 좌우되지 않는 방법은 분명히 존재합니다. 두 어깨 무겁게 그 방법을 함께 공유하고자 합니다.

행복한 읽기가 가장 먼저입니다

부모는 독서와 관련해 다양한 고민을 하고 있지만 모두 같은 목적이 있습니다. 바로 아이가 책을 좋아하게 되는 것입니다. 하지만 말처럼 쉬운 일이 아닙니다.

문화체육관광부에서는 2년마다 국민 독서실태를 조사하고 있습니다. 국내 유일의 종합적 독서지표 조사로서, 독서 환경과 국민의 독서실태 변화를 파악하고 독서 진흥 정책을 수립하기 위한 목적으로 시행하는 국가 승인 통계 조사입니다. 2021년에 조사한 결과를 보면 학생들의 교과서·학습참고서·수험서를 제외한 일반 도서를 한 권 이상 읽은 '연간 종합 독서율'은 91.4%입니다. 2년 전(2019년) 대비 0.7%p 감소한 수치입니다.

초·중·고 학생의 연간 종합 독서량은 평균 34.4권으로 연간 34.4권의 책을 읽었다는 뜻입니다. 학교급별로 살펴보면, 초등학생이 연간

66.6권, 중학생 23.5권, 고등학생 12.6권이라고 합니다. 2019년과 비교하면 초·중·고 학생의 연간 종합 독서량은 6.6권 감소함으로써 초등학생의 감소 폭이 매우 컸습니다. 초등학생은 20.3권 감소했고, 중학생은 2권 감소했습니다. 고등학생은 아주 소폭이지만 0.1권 증가했답니다. (참고: 문화체육관광부, 「국민 독서실태 조사」, 2021)

아이가 어릴수록 책을 많이 읽어야 한다고 생각하면서도 실제로 독서량을 보면 해가 갈수록 점점 줄어들고 있는 것이 현실입니다. 특히나 요즘은 초등학생이 읽는 대부분 책이 만화책이거나 소설이라는 점도 문제입니다. 소설이 나쁘다는 이야기가 절대 아닙니다. 아이들의 독서 흥미를 붙이기에는 소설만큼 매력적인 것도 없습니다. 다만 소설로 독서 흥미를 붙인 후 다양한 영역의 책으로 흥미가 옮겨 가야 하는데 그렇지 못한 경우가 많다는 이야기입니다.

만화책은 어떨까요? 학습과 관련된 내용을 만화로 만든 학습 만화만 가지고 이야기해 보겠습니다. 학습 만화를 읽어도 좋은가에 대한 이야기는 독서 전문가들도 말이 모두 다를 만큼 다양한 견해가 있습니다. 제가 생각하는 결론은 '학습 만화를 읽어도 된다.'입니다. 다만, 아주 중요한 전제 조건이 있습니다. '만화가 아닌 책을 많이 읽는다'는 전제 조건이지요. 심영면 교장 선생님의 저서 『초등 독서의 모든 것』에서는 만화책을 뻥튀기에 비유하고 있습니다. 만화책만 읽는 것은 밥 대신 매일 뻥튀기만 먹는 것처럼 좋지 않은 습관이라는 것입니다.

만화는 쉽고 재미있지만, 독서를 통한 여러 가지 효과를 기대하기 어려운 장르이기도 합니다. 아이들은 책을 읽으면서 단어와 문장의 뜻을 이해하기 위해서 끊임없이 생각해야 합니다. 그 과정에서 사고력이 발달합니다. 하지만 만화는 아이가 굳이 상상하지 않아도 될 만큼 그림으로 많은 것을 보여줍니다. 어휘는 어떨까요? 그림으로 많이 보여주고 있으니 짧고 간단한 어휘만으로도 충분히 표현할 수 있습니다. 만화만 읽어서는 어휘력을 쌓기에는 역부족입니다. 더 큰 문제가 있습니다. 짧은 문장, 적은 어휘, 상상하지 않아도 충분히 이해할 수 있는 그림으로 인하여 만화는 너무나 재미있다는 것입니다. 재미있는 게 왜 문제가 될까요? 만화가 너무 재미있는데 굳이 글자만 가득한, 이해하기 어려운, 애써서 읽어야 하는 책을 읽고 싶을까요? 당연히 읽기 싫겠지요. 아이는 점점 책과 멀어지게 됩니다. 만화가 아닌 책으로 충분히 읽기 능력을 쌓고 있다면 즉, 밥을 주식으로 충분히 골고루 영양을 채우고 있다면 뻥튀기를 먹듯이 만화책을 읽어도 괜찮다고 말하고 싶습니다.

요즘 아이들은 이런 재미 위주의 소설과 학습 만화로 독서량을 채우는 일이 많습니다. 하지만 우리 아이들이 학교 수업 시간에 배워야 할 내용은 만화나 동화에 나오는 것보다 훨씬 더 어렵습니다. 아이들이 읽고 이해해야 하는 내용은 추상적인 '학습 도구어'들로 이루어져 있습니다. 만화나 흥미 위주의 소설로는 해결이 안 됩니다. 이름은 소설이고 학습 만화이지만 이러한 책만 읽어서는 학습적인 도움을 받기에 한계가 있는 것은 확실합니다. 아이 스스로 사회와 과학과 같이 지식을 전달하는 책도 골고루 읽어 주면 얼마나 좋을까요? 어떻게 하면 부모가 바라는 대로 다양하게 책을 읽을 수 있을까요? 부모의 강요가 아닌 스스로 읽을 방법이 무엇일까요?

저는 두 명의 아이가 있습니다. 둘 다 아들 녀석입니다. 첫째가 세 살쯤 되었을 때 여느 남자아이가 그렇듯이 굴착기를 정말 좋아했습니다. 포클레인이라고 부르는 땅을 파는 기계입니다. 굴착기만 보면 환호하며 어찌나 좋아하던지 집에 굴착기 장난감이 넘쳐났습니다. 첫째는 굴착기를 보며 굴착기가 무엇을 하는 것 인지 관찰하기 시작했습니다. 굴착기가 땅을 파는 모습이 신기했는지 자동차를 타고 지나가다가도 굴착기를 발견하면 차를 세우고 봐야 할 정도였습니다. 그맘때 아이에게 굴착기가 나오는 책을 보여주면 좋겠다 싶어서 '기계들이 하는 일'을 소개하는 지식 책을 샀습니다. 그 책에는 굴착기뿐만 아니라 기중기, 레미콘, 로드 롤러등 공사를 하는 데 쓰이는 다양한 기계를 소개하고 있었습니다. 각각의 기능과 모습을 다양한 의성어, 의태어를 사용하여 알기 쉽게 보여주었습니다. 서너 살 아이에게 읽어 주기에도 어렵지 않았습니다. 이제 첫째는 굴착기를 실제로 못 본 날은 그 책을 꺼내서 보기 시작했습니다. 같은 책을 여러 번 반복해 보는 습관도 생기고 재미있는 이야기가 없어도 기계의 기능을 알려주는 지식이 재미있게 느껴졌습니다.

아이들은 호기심을 먹고 삽니다. 궁금한 것들이 넘쳐납니다. 아이와 함께하는 하루를 잘 떠올려 보세요. 아침에 일어나서부터 잠들 때까지 우리 아이가 부모에게 얼마나 많은 질문을 하는지, 아마 세기 어려울 겁니다. 저는 지금도 아이들의 질문에 파묻혀 살고 있답니다.

아이가 호기심을 가진다는 것은 관심이 있다는 것입니다. 아이가 관심을 가진다면 이때를 놓치지 않아야 합니다. 바로 그때, 그 분야의 책을 함께 찾아서 읽으면 됩니다. 관심이 있는 것을 직접 관찰할 수도 있지만 책에서도 찾아볼 수 있다는 것을 알게 되면 호기심이 생길 때마다 관련 책을 찾아 읽는 습관을 형성할 수 있습니다. 비문학, 지식 도서를 읽기 시작하는 것입니다.

아이에게 무조건 읽으라고 하는 것은 독서에 대해서 부정적으로 인식하게 하는 지름길입니다. 읽을 수 있는 환경을 자연스럽게 만들어 주는 것이 좋습니다. 그런 의미에서 부모가 함께 읽는 것은 더할 나위 없는 좋은 방법입니다. 이미 알고 있는 방법이지만 참 실천하기가 어렵지요. 저도 너무나 잘 알고 있습니다. 그렇지만 아이는 성장을 멈추고 기다려 주지 않습니다. 매일 매 순간 습관이 형성되고 있습니다. 좋은 습관은 빨리 경험시켜 줄수록 좋습니다.

아이가 좋아하기도 전에 부모가 세워놓은 목적 안에 아이를 억지로 밀어 넣으려고 하면 아이는 튕겨 나갈 수가 있습니다. 좋아하는 것, 관심 있는 것을 책과 자연스럽게 연결하는 방법은 정말 좋은 방법의 하나입니다. 좋아해야만 잘할 수 있습니다. 잘하게 되면 더 좋아하게 됩니다. 좋은 순환을 계속하는 것이지요. 축구를 좋아하는 아이라면 위인 '펠레'를 읽어 주고 아기 상어 영상을 좋아한다면 자연 관찰 '상어' 책을 읽어 주면 됩니다. 아이가 장수풍뎅이를 키우고 싶어 한다면 '장수풍뎅이' 책을 읽어 주세요. 다만 장수풍뎅이를 더 빨리 키우고 싶은 마음이 커질 수 있으니 주의가 필요하답니다.

독서 학원은 글자를 스스로 유창하게 읽을 수 있어야 등원할 수 있습니다. 하지만 책을 좋아하는 아이로 만드는 것은 글자를 알고 모르고의 문제가 아닙니다. 아이가 다양한 책을 읽기 원하나요? 그렇다면 강요 대신 아이가 읽고 싶어 하는 책을 발견해 주세요. 그리고 많이 읽어 주세요. 그래야 아이는 초등학교 시절을 더 많은 책과 함께 할 수 있습니다. 학습 만화만 들고 있던 아이가 좋아하는 분야의 지식이 가득한 책을 읽고 있는 모습을 볼 수 있을 것입니다. 그 습관은 평생 함께할 것입니다. 문해력을 쌓기 위한 첫걸음은 부모가 읽어 주는 이야기를 행복하게 듣고 스스로 읽기 시작하는 것입니다. 책 좋아하는 아이로 만들기 위해서 저와 함께 오늘도 열심히 책을 읽어 줄 수 있을까요?

학부모님 이것만은 꼭 기억해 주세요.

독서 교육 현장의 진실 - 초등 성적을 믿지 마세요.

① 초등학교 평가는 쉽습니다. 책을 읽지 않아도 높은 점수를 받을 수 있으니 안심하지 마세요.

② 우리 아이들이 살아갈 세상은 단순 암기는 힘이 없습니다.

③ 가르치는 학원도 중요하지만, 아이가 스스로 읽고 이해하는 절대적인 시간을 반드시 가지게 해주세요.

④ 학습 만화만 읽는 아이, 호기심이 생길 때 놓치지 않고 관련된 줄글 책을 읽게 도와주세요. 아이가 좋아하는 줄글 책으로 시작해야 합니다.

2장

가장 중요한 것은 진짜 독서,
천천히 읽기

독서에서 가장 중요한 것은 제대로 읽는 것입니다.

제대로 읽으려면 천천히 읽어야 합니다.

가짜 독서가 아닌 진짜 독서의 세계로 아이를 초대해 주세요.

가짜로 읽고 있는 아이들

독서 코칭 현장에서

제대로 읽지 못하는 아이들의

실제 사례를 소개합니다.

우리 아이는 어떤 독서 습관을

지니고 있는지

떠올리며 읽어 보세요.

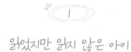

읽었지만 읽지 않은 아이

　도현이를 만난 것은 초등학교 2학년 때입니다. 부모와 상담할 당시에 아이가 책을 아주 좋아한다고 하였기에 도현이와의 만남을 무척 기대하고 있었습니다. 수업 첫날 도현이는 들어오자마자 책장 가득 꽂혀 있는 수천 권의 알록달록한 책들을 보며 눈이 두 배는 커졌지요. 오늘 읽어야 할 영역의 책들을 알려주고 그중에서 과학 영역의 책을 골라서 읽어보라고 했습니다. 아이가 어떻게 읽고 있는지 정확하게 파악하기 위해서 어떻게 읽어야 하는지 처음에는 알려주지 않았습니다.

　도현이가 고른 책은 보통의 초등학교 2학년 아이들이 읽을 수 있는 과학책으로 재미있는 이야기가 전개되는 사이에 구석구석 책이 다루고 있는 주제와 관련한 과학적 지식이 작은 글씨로 적혀 있습니다. 책의 뒷부분에는 주제와 관련된 지식을 앞쪽보다 좀 더 작은 글자로 서너 페이지에 걸쳐 빼곡하게 전달하고 있습니다.

5분이 지났을까요? 도현이는 자신 있는 표정으로 저에게 '다 읽었어요.' 하며 책을 들고 왔습니다. 너무 빨리 읽어 왔길래 정말 다 읽었냐고 물었더니 너무나도 당당하게 '네.' 하고 대답하였지요. 도현이와 함께 책 이야기를 했습니다. 책에서 다루고 있는 것이 무엇인지, 책 속에 나오는 정보들에 대해 질문을 해보았습니다. 어떻게 되었을까요? 도현이는 결국 아무런 대답도 하지 못했습니다.

　도현이가 읽은 책은 문해력이 있는 어른이 정독해서 읽을 경우, 15분 정도 걸리는 책입니다. 초등학교 2학년인 도현이가 정독하면 훨씬 더 오랜 시간이 걸리겠지요. 도현이는 스스로 열심히 읽었다고 생각하지만, 그것은 읽은 것이 아닙니다. 단순히 소리가 무엇이었는지만 읽은 것이지요. 한글을 알고 있으니 충분히 가능한 읽기입니다.

　초등 저학년이 방금 읽은 책을 모두 기억하는 것은 불가능합니다. 그러므로 읽은 내용을 모두 기억하는지 알아보기 위해 책의 내용을 물어보는 것이 아닙니다. 지금 도현이의 독서 습관을 파악하려는 것입니다. 도현이는 아직 천천히 읽는 습관이 형성되지 않았기 때문에 책을 읽었지만 읽지 않은 것과 같이 무엇을 읽었는지 기억하지 못하는 것입니다. 당연히 모두 기억할 수는 없습니다. 그렇지만 만약에 화산과 지진 활동에 관한 책이라면 '무엇에 관해 알려주고 있었어?'라고 물었을 때 최소한 화산이나 지진과 관련된 이야기 하나쯤은 할 수 있어야 한다는 말이지요. 내가 읽고 있는 책이 무엇을 알려주고 있는지 또는 그 안에서 흥미로운 이야기나 단어는 떠올릴 수 있어야 합니다. 도현이처럼 책을 계속 읽는다면 아무리 많은 책을 읽는다고 해도 독서의 효과를 기대하기는 어려울 것입니다.

글을 읽는다는 것은 단순히 소리가 무엇인지 파악하는 것이 아니라 그 속에 담겨 있는 의미를 정확하게 파악하고 능동적이고 비판적으로 생각하는 과정입니다. 읽다가 모르는 단어가 나오면 맥락을 통해 유추하고 그래도 모르면 사전을 찾아봐야 합니다. 읽으면서 메모도 하고 읽은 내용을 다른 책에서도 찾아보면서 배경지식을 넓혀야 합니다. 작가가 전달하고자 하는 바는 무엇이고 그에 대한 내 생각은 어떠한지 파악하며 읽어야 하는 것이지요. 글 읽기가 어려운 이유가 여기에 있습니다. 단순히 글자의 소리만 읽는다면 독서가 우리에게 주는 다양한 효과는 아마 없을 것입니다.

상담할 때 학부모와 아이들에게 '사과'라는 글자를 읽어 보라고 합니다. 그러고는 머릿속에 어떤 작용이 일어나는지 알려줍니다. 일단 '사과'라는 소리를 읽은 후 빨간색 사과를 떠올립니다. 그러면 '아! 이게 사과구나'라고 알 수 있습니다. 즉 소리를 의미로 이해하는 과정이지요. 단지 이 과정이 아주 순식간에 일어나 과정에 대해 스스로 인지하지 못할 뿐입니다. 사과는 모양이 있는 단어이고 실제로 먹어 본 경험도 있을 것입니다. 그래서 쉽게 이미지로 바꿀 수 있습니다. 이런 단어를 구체어라고 합니다.

그런데 문제는 모양이 없는 단어입니다. 이러한 단어를 추상어, 관념어라고 합니다. 예를 들어 '삼권분립'이라는 단어를 읽었다고 가정해 보겠습니다. '삼권'도 '분립'도 모양이 없는 단어입니다. 다음의 문장을 이해하려고 노력해 보세요.

"삼권분립의 사전적 정의 – '국가 권력의 작용을 입법, 행정, 사법의 셋으로 나누어, 각각 별개의 기관에 이것을 분담시켜 상호 간 견제 · 균형을 유지시킴으로써 국가 권력의 집중과 남용을 방지하려는 통치조직 원리이다.'"

삼권분립의 뜻을 이해하려고 사전을 찾았더니 정의는 더 많은 추상적인 단어들로 이루어져 있습니다. 이 정의를 이해하기 위해서는 국가, 권력, 작용, 입법, 행정, 사법, 나누다, 각각, 별개, 기관, 분담, 상호간, 견제, 균형, 유지, 시키다, 집중, 남용, 방지, 통치, 조직, 원리라는 22개의 추상적인 단어를 이해해야 합니다. 설상가상, 첩첩산중입니다. 정의를 이해하는데 소리로만 읽고 제대로 떠올리지 못한다면 과연 삼권분립을 이해할 수 있을까요?

문제는 우리 아이들이 학교에서 배우는 교과서는 대부분 이런 추상적인 학습 도구어들로 구성되어 있다는 것입니다. 아이는 사회 교과서에 나오는 이 단어를 이해하지 못한 채 시간만 흘려보내게 될 것입니다. 학교 사회 시간은 아이에게 고통의 시간이 될 수밖에 없습니다. 사회 시간만 그럴까요? 아마 모든 과목 모든 수업 시간이 아이에게는 외계어를 배우는 느낌일지도 모릅니다. 그러면 도현이는 어떻게 해야 할까요? 몇 가지 사례들을 더 살펴본 후 천천히 읽는 방법들을 소개해 드리겠습니다.

2

여덟 살 빨리 읽는 버릇, 여든까지 간다

승만이를 만난 것은 초등학교 3학년 때입니다. 승만이는 누구보다 글을 빨리 읽는 아이였습니다. 아직 초등 저학년이지만 소리만 읽는 것은 아니었습니다. 소리를 의미로 바꾸어 읽을 수 있는 아이였지요. 5세부터 글자를 스스로 익혔고 책을 좋아해서 독서의 양이 어마어마했기 때문에 양으로만 따지면 아마 평균적인 5학년 이상으로 책을 많이 읽었으리라 추측했습니다. 승만이는 창작을 좋아합니다. 100페이지가 훌쩍 넘는 글밥이 꽤 많은 창작을 읽을 때도 20분이 채 걸리지 않았습니다. 승만이가 4학년이었던 어느 날 『악플 전쟁』이라는 이야기책을 읽고 왔길래 함께 이야기를 나누었습니다. 참고로 『악플 전쟁』은 초등학교 5학년 2학기 국어 교과서에 수록된 장편 동화입니다.

"승만아 주인공이 누구였어?"

"미라와 서영이요."

"미라와 서영이한테 어떤 일이 일어난 거야?"

한참 줄거리를 주거니 받거니 나누다가 마지막에 『악플 전쟁』을 읽고 어떤 생각을 하였는지 넌지시 물어보았습니다. 승만이는 한참 동안 생각을 하더니 이런 대답을 내놓았습니다.

"별 생각 없는데요?"

이야기 글은 빨리 읽어도 어느 정도의 줄거리는 파악할 수 있습니다. 물론 앞서 소개한 도현이와 같이 아직 소리로만 읽는 아이가 아닌 경우에는 말이지요. 그런데 창작을 읽고, 줄거리만 파악하면 아무런 문제가 없을까요? 우리 몸에는 다섯 가지 감각이 있습니다. 오감각이라고 부릅니다. 시각, 청각, 후각, 미각, 촉각이 그것입니다. 우리는 이 다섯 감각을 통해 사물을 보고 만질 수 있습니다. 주변의 소리를 듣고 냄새를 맡으며 맛을 느낍니다. 그런데 일상 생활뿐만 아니라 오감각을 모두 동원해야 하는 순간이 있습니다. 바로 책을 읽을 때입니다.

예를 들어 비가 오는 장면을 읽는다고 가정해 보겠습니다. 아이는 비가 오는 장면을 읽으면서 비가 내리는 모습을 떠올려야 합니다. 비가 오는 모습도 다양하겠지요. 세차게 소나기가 내릴 수도 있습니다. 보슬보슬 보슬비, 햇빛이 비치며 비가 내리는 여우비라면 또 다른 모습일 것입니다. 무지개가 뜰지도 모르지요. 비가 내리면서 들리는 소리도 상상해야 하고 비가 오는 날 나는 특유의 냄새도 떠올리면 더욱 좋습니다. 그뿐만 아니라 비를 맞을 때나 비 오는 날의 습한 공기가 살갗에 닿을 때의 촉감이나 기분까지 상상하면 금상첨화입니다.

우리는 이렇게 책을 읽으면서 끊임없이 장면을 떠올리고 상상하는 재미를 느껴야 합니다. 책의 장면으로 직접 들어가서 주인공이 어떤 기분이었을지, 등장인물이 처한 상황을 나라면 어떻게 극복했을지 생각해 봐야 합니다. 그러면서 등장인물의 마음에 진심으로 공감하고 때로는 나쁜 등장인물을 욕하면서 작가가 심어놓은 곳곳의 숨은 재미들을 발견하면서 읽어야 한다는 이야기입니다. 더 나아가서는 작가가 '어떤 의도로 이야기를 만들었을까? 독자에게 어떤 변화를 주고 싶었을까?'를 끊임없이 생각하면서 읽을 수 있어야 합니다.

위인전을 읽었다면 주인공 위인이 어떤 어려움을 겪었고 그때 어떤 마음으로 스스로 자신을 일으켜 세웠는지, 그 경험을 통해 얼마나 위대한 업적을 남기게 되었는지 머리가 아닌 가슴으로 읽을 수 있어야 합니다. 그리고 나에게 적용할 수 있어야겠지요. 현재 충분히 만족스러운 상황이 아니더라도 나보다 훨씬 더 어려운 사람들이 많다는 것을 생각하며 위로와 용기를 얻으면 좋습니다. 교훈을 얻고 다짐하는 것은 어쩌면 자연스러운 다음 과정일지 모릅니다. 이런 과정들이 모두 책을 읽는 감동과 재미입니다.

그런데 이야기를 빨리 읽으면 어떻게 될까요? 줄거리는 대충 파악할 수 있습니다. 줄거리와 결말은 알겠는데 읽으면서 무엇이 중요한지, 주제가 무엇인지 파악하는 것은 거의 불가능한 일이 되어버립니다. 책이 주는 감동과 재미도 느끼지 못할 확률이 높습니다.

승만이를 처음 만난 것이 초등학교 3학년이라고 했지요? 올해 승만이는 중학교 1학년이 되었습니다. 지금의 승만이는 어떨까요? 결론부터 말하자면 많이 개선되었습니다. 하지만 여전히 빨리 읽는 습관이 남아 있어서 고전문학을 읽을 때 오류가 발생하는 경우가 종종 있습니다. 지금도 승만이가 글을 읽으려고 하면 항상 '천천히, 제발 천천히 읽자' 하며 주문을 외워주고 있습니다.

만약 승만이의 읽기 습관이 바로 잡히지 않은 채 그대로 고학년이 되었다면 어떻게 되었을까요? 안타깝지만 생각이 빠진 글 읽기 습관을 고치지 못해 중등 학습을 하는 데에 있어 어려움을 겪고 있을 것입니다. 중학교 교과서에 실려 있는 수많은 현대 소설과 고전 소설을 읽고 작가가 의도한 바를 파악하기가 어려울 것이고 그로 인해 수행평가를 하는 데도 어려움을 느낄 가능성이 매우 큽니다. 중학교 수행평가에서는 길이가 훨씬 더 긴 소설을 읽고 작가의 의도를 파악하여 비판적으로 생각해 보는 서평을 써야 하기 때문입니다. 단순히 줄거리만 파악해서는 서평 한자도 적기 어려운 상황이 생기기 마련입니다. 읽으면서 끊임없이 물음을 던지지 않으면 불가능한 일이지요.

국어는 문제를 내는 출제자의 의도를 정확하게 파악하는 것이 아주 중요한 과목입니다. 작년에 『수학을 잘하고 싶어졌습니다』라는 책을 흥미롭게 읽었습니다. 저자는 서울대 3관왕을 하기까지 자신의 이야기를 들려주었습니다. 수학을 잘해서 과학고등학교에 다니면서도 국어를 유독 어려워했다는 내용이 있었습니다. 국어를 잘하는 친구들은 모두 어릴 때부터 책을 많이 읽는 아이들이었다고 합니다. 저자는 결과적으로 국어를 잘하기 위해서 출제자의 의도를 파악하는 것이 중요하다고 생각하여 의도를 파악하며 읽는 연습을 많이 했다고 합니다. 그만큼 끊임없이 생각하며 읽는 것은 책 읽기의 출발점이자 도착점이라고 할 수 있습니다.

세상에는 참 다양한 사람들이 살고 있습니다. 타고난 기질은 모두가 제각각입니다. 기질이 급한 사람들도 있고 매사에 급한 것 없는 느린 사람들도 있습니다. 어느 것이 더 좋고 더 나쁘다고 말할 수 없습니다. 각각 장단점이 있기 때문입니다. 타고난 급한 기질을 바꾸기란 쉬운 일은 아닙니다. 하지만 독서할 때만큼은 천천히 읽는 습관을 만들어 주는 것이 아주 중요합니다. 정독을 잘할 수 있다는 전제하에 필요에 따라서 빨리 읽을 수도 있겠지요.

하지만 처음 글 읽기를 배울 때는 첫째도 천천히 둘째도 천천히, 느리게 읽는 것이 아이에게 가장 좋은 글 읽기 습관임에는 틀림이 없습니다. 정독이 전제 조건이 되어야 한다는 말입니다. 될 수 있으면 일찍 습관을 만들어 주어야 합니다. 그래야만 감동과 재미를 느끼는 생각하는 읽기를 할 수 있습니다. 아무 생각 없이 줄거리만 파악하는 읽기는 문해력을 올리는 데 큰 도움이 되지 않습니다. 책을 덮고 나면 남는 것 없이 휘리릭 날아가 버리는 독서는 올바른 독서가 아니지요. 오랫동안 아이들을 가르쳐 본 결과 체득한 것이니 믿어도 됩니다. 승만이를 개선할 수 있었던 천천히 읽기의 방법에는 어떤 것들이 있을지 잠시 후에 소개해 드리고 다음 아이를 만나보겠습니다.

3
읽기가 아닌 다른 그림 찾기를 하는 아이들

초등학교 5학년인 채율이가 늘 하는 말이 있습니다. 바로 "선생님, 답이 없어요."입니다. 정보를 전달하는 설명문이나 적절한 근거를 들어 주장을 펼쳐 다른 사람들 설득하기 위해 쓴 논설문과 같은 글을 비문학이라고 합니다. 채율이는 비문학 지문을 읽고 문제를 풀어야 할 때면 어김없이 '선생님 없어요.'라는 말을 반복합니다. 지난번 비문학 지문은 북극항로 개척과 관련된 내용이었습니다. A4 1매 분량의 지문을 읽고 읽은 내용을 글 옆에 꼼꼼하게 정리한 후 여섯 문제 정도를 풀어야 했습니다. 채율이는 지문을 눈으로 대충 훑어 보고 꼼꼼하게 해야 하는 내용 정리는 귀찮아 넘어가기 일쑤입니다. 그리고 바로 문제로 눈을 옮깁니다. 1번 문제는 주로 지문의 내용을 확인하는 경우가 많습니다.

'다음 중 글의 내용과 일치하지 않는 것을 고르시오.' 잘 알다시피 1번부터 5번까지 선지에 방금 읽었던 지문의 내용이 그대로 나오고 하나의 선지에만 지문과 다른 틀린 내용을 제시하고 있습니다. 그런데 웬일인지 채율이는 1번부터 5번까지의 선지가 아주 낯설게 느껴집니다. 앞 지문에 모두 나오는 내용이지만 채율이는 처음 보는 내용이지요. 마치 배우지 않은 중국어들이 다섯 개의 항목으로 줄지어 서 있는 느낌입니다. 일단 풀어 보라고 했습니다. 결과는 충분히 예상할 수 있었습니다. 아니나 다를까 여섯 문제 중 다섯 문제가 오답이었습니다.

중요한 건 지금부터입니다. 틀린 문제를 고치라고 하면 어떻게 할까요? 지문은 쳐다보지도 않고 문제와 선지를 보고 또 봅니다. 다섯 개의 선지를 위아래로 왔다 갔다 읽으며 아까 선택하지 않은 선지를 선택합니다. 그리고 저와 문제를 번갈아 보면서 민망한 표정으로 웃어 보입니다. 미워할 수 없는 요 녀석을 어찌해야 할까요?

3학년 동헌이는 어떨까요? 역시나 비문학 글을 읽고 내용 정리를 해야 합니다. 지문을 읽고 중심 내용을 두 문장으로 요약하는 문제에 중심 단어를 괄호로 비워두었습니다. 하지만 괄호 속을 도무지 채우지 못해 끙끙 앓는 소리를 냅니다. 전체 내용을 이해하고 나서 문제의 앞뒤 문맥을 살펴보고 괄호 안에 알맞은 중심 단어를 채워 넣어야 합니다. 그런데 동헌이는 어떻게 할까요? 괄호 앞뒤에 있는 단어를 지문에서 열심히 찾기 시작합니다. 글의 처음부터 차례대로 찾지도 않습니다. 눈동자의 움직임을 보면 지문의 여기저기를 옮겨 다니는데 마치 동에 번쩍 서에 번

쩍하는 홍길동이 따로 없답니다. 읽고 있는 것이 아니라 같은 글자를 찾고 있는 것입니다.

4학년 혜민이는 지문과 일치하는 내용을 찾으라는 문제를 풀기 위해 지문과 선지의 글자를 오가며 다른 그림 찾기를 하고 있습니다. 글의 내용이 무엇인지는 안중에도 없고 그저 글과 선지의 모양이 같은 것을 찾아야 한다는 일념으로 왔다 갔다 분주합니다. 참 귀여운 우리 아이들이지만 진심으로 걱정이 되고 한숨이 나오는 순간입니다.

세 아이의 공통점은 지문을 읽지 않는다는 것입니다. 지문은 대충 읽고 바로 문제에 덤벼듭니다. 이런 현상이 세 명의 아이에게만 나타날까요? 안타깝지만 대부분 아이들이 비문학 교재를 읽고 있는 실제 모습입니다. 글 읽기에만 그치지 않고 앞으로 시험장에서 실제로 문제를 풀어야 할 아이들이기에 문제의 심각성은 클 수밖에 없습니다.

요즘 시중에는 잘 만들어진 비문학 교재가 많이 있습니다. 집에서 비문학 교재를 직접 사서 아이들에 풀리는 경우도 많이 있지요? 아이들이 어떻게 문제를 푸는지 잘 살펴보기를 바랍니다. 아이 대부분이 지문은 대충 읽고 바로 문제를 풀기 시작합니다. 문제를 풀기 전에 아이에게 지문의 내용을 물어본 적이 있을까요? 아마 깜짝 놀랄 겁니다. 아이는 지문을 읽은 것 같지만 전혀 읽지 않았다는 사실을 알 수 있습니다.

글의 갈래는 문학과 비문학으로 나누어집니다. 문학에는 시, 소설, 수

필, 극이 있습니다. 비문학은 문학을 제외한 모든 갈래를 포함합니다. 논설문, 설명문, 광고문, 기사문, 연설문 등이 여기에 포함되지요. 우리 아이들이 고등학교에 가서 치러야 할 수능에서는 '독서'라는 이름으로 비문학을 접하게 됩니다. 세부적으로 인문, 사회, 과학, 기술, 예술의 다섯 가지 영역으로 나누어 광범위하고 다양한 전문적인 내용을 지문으로 시험에 출제합니다. 교과서에서 배우지 않은 복잡하고 어려운 글을 읽고 문제를 풀어야 하지요. 비문학의 영역을 빼고는 글 읽기를 논하기가 어렵다는 것입니다.

아이들에게 비문학의 글을 읽으라고 하는 이유는 문제를 잘 푸는 기술을 알려주기 위해서가 아닙니다. 말 그대로 비문학의 글을 읽으라는 것입니다. 여러 번 강조 하겠지만 스스로! 실제로! 제대로! 읽어야 합니다. '읽었다 치고'가 아닙니다. 문제 푸는 것이 중요한 것이 아니라 앞에 나오는 지문을 잘 읽고 이해하면 됩니다. 문제를 푸는 것은 다음 일입니다. 비문학으로 문해력과 어휘력을 기르고 배경지식을 쌓자는 것입니다. 그래서 처음 만나는 낯선 화제의 지문을 읽더라도 빠른 시간에 정확하게 읽어내자는 것이지요. 비문학을 많이 읽으면 읽을수록 배경지식이 쌓여 아주 낯선 지문이 아니라 어느 정도 알고 있는 분야의 글을 만날 확률이 높아지는 것은 당연한 이치입니다. 그런데 이렇게 유용한 비문학을 그저 대충 건성으로 읽어 버리고 그저 문제에만 집착하고 있다니, 이런 시간

낭비가 어디 있을까요? 문제를 틀리는 것은 당연하고 오답을 바르게 고치는 일도 어려운 일이 됩니다. 우리 아이가 글을 읽고 이해하는 것이 아니라 단순히 다른 그림 찾기를 하고 있는지 반드시 체크를 해야 합니다.

아이들이 글을 빨리 읽는 원인은 여러 가지입니다. 집중력이 부족하거나 글에 흥미가 없고 지금 읽고 있는 글이 재미가 없어서일 수도 있습니다. 또는 앞서 소개한 승만이처럼 기질 자체가 급할 수도 있겠지요. 자신의 읽기 능력에 비해 수준이 높은 글을 읽어서 글의 어휘를 이해하기 힘들 수도 있습니다. 이 중 하나의 요인이 원인이 될 수도 있고 여러 요인이 복합적으로 원인이 될 수도 있습니다. 원인이 무엇이 되었든 빨리 읽는 습관은 쉽게 고쳐지지 않습니다. 나쁜 습관은 고치는 데는 더욱 오랜 시간이 걸리기 마련입니다. 우리 아이가 빨리 읽는 습관을 지녔다면 반드시 바로잡아 주어야 합니다. 이것은 백 번 강조해도 모자라는 독서 교육의 첫 번째입니다. 시험장에서 우리 아이가 만날 길고 긴 지문의 내용을 정확하게 파악하기 위해서는 비문학 글을 많이 읽어야 합니다. 다만 진짜로 제대로 읽어야 하지요. 문제를 풀기 위한 읽기가 아니라 글을 읽기 위한 읽기가 되어야 합니다. 글자를 가지고 다른 그림 찾기를 하면 읽기 능력, 문해력은 절대로 향상될 수 없음을 기억해야 합니다.

제대로 읽기가 중요합니다

가짜로 책을 읽는 아이들을 어떻게 하면

재미있게 진짜로 읽을 수 있도록 도울 수 있을까요?

빨리 읽어 버리니 책의 재미도 느끼지 못하고

배경지식을 쌓기도 어렵습니다.

어휘력도 늘지 않고 학습 능력이 향상되지도 않습니다.

아이들이 책을 재미있게 읽으면서 학습 능력도

올리는 제대로 읽는 방법에 대해서 알려주고자 합니다.

실제 교육 현장에서 적용하면서 몸소 효과를 느끼는

방법들을 골라 소개하니 꼭 우리 아이에게 맞게

적용하고 실천해 보면 좋겠습니다.

4

이해가 안 되면 넘어가지 마세요

앞서 소개해 드린 아이들의 공통적인 읽기 문제는 바로 읽는 속도였습니다. 제대로 이해하지도 않고 단순히 글자가 무엇이었는지만 읽고 지나가 버리니 당연히 머릿속에 남는 것은 하나도 없습니다. 그렇다면 어떻게 해야 할까요? 방법은 문제 속에 다 제시돼 있습니다. 이해를 못 했다면 다음으로 넘어가지 않는 것입니다. 언뜻 생각하면 당연한 방법인 것 같지만 참 어려운 방법이기도 합니다. 선생님이 대신해 줄 수 있다면 쉬운 방법일 테지만 문제는 읽는 주체가 아이이므로 곁에서 시간을 들여 꼼꼼하게 봐줘야 하는 지도 방법입니다.

① 틀리지 않고 읽기 내기

이 방법은 중학교에서 국어를 가르치던 시절, 잠과 사투를 벌이던 아이들을 위해 잠 깨기용으로 많이 썼던 일종의 놀이였습니다. 아이들과 제가 서로 반대편이 되어 국어 교과서를 가지고 누가 글자를 틀리지 않고 읽는지 내기를 합니다. 제가 이기면 그대로 수업하고 아이들이 이기면 5분 빨리 휴식을 주는 방식이었죠. 이 방법을 아직 읽기 유창성이 없는 초등 저학년 학생에게 적용하길 권합니다.

방법은 아주 간단합니다. 먼저 아이가 읽고 싶어 하는 책 한 권을 준비합니다. 아이와 한 문장씩 번갈아 가면서 읽는 것입니다. 단, 조건이 있습니다. 한 문장을 읽었으면 바로 책을 덮고 읽은 내용이 무엇인지 이야기해 보는 것입니다. 틀리지 않고 읽었지만, 이야기를 못 하면 지는 것입니다. 글자도 틀리지 않고 이야기도 잘하면 1점입니다. 이야기를 못 하면 다시 읽게 하고 반복해서 이야기하게 해주세요. 성공하면 0.5점을 주면 됩니다. 점수는 아이와 의논해서 정하면 됩니다. 방금 읽은 한 문장을 다시 이야기하는 게 뭐가 어려울까, 게임이 될까, 생각할 수 있지만 실제로 해보면 많은 아이가 소리를 읽고 이해하지 않고 다음 문장으로 넘어가는 경우가 많습니다. 오늘 당장 해보면 우리 아이의 읽기 습관을 파악할 수 있을 것입니다. 한 권의 책을 다 읽고 나면 이번에는 순서를 바꾸어서 읽어도 좋습니다. 아이 먼저 읽었다면 다음에는 엄마 먼저 읽는 식이지요. 부모와의 게임에서 이기게 되면 아이가 좋아하는 것으로 보상하면 됩니다.

이 방법이 좋은 첫 번째 이유는 읽기가 놀이처럼 받아들여져 부담을 적게 느낀다는 점입니다. 초등 저학년 아이에게 가장 좋은 친구는 부모입니다. 아이가 게임을 더 좋아하는 것 같지만 실제로는 부모와 함께 노는 것을 가장 좋아합니다. 문장을 읽고 이야기하는 과정을 반복하다 보면 게임처럼 이야기하지 않아도 될 때도 읽으면서 어느 정도 기억하려고 하는 습관을 형성할 수 있습니다. 틀리게 읽지 않으려고 노력하면서 내 마음대로 바꾸어 읽어 버리는 습관도 고칠 수 있습니다. 만약에 어느 정도 읽기 습관이 잡혔다면 한 문장씩이 아니고 한 문단씩 늘려가는 것도 좋은 방법입니다.

② 문단의 소주제를 반드시 정리하자

이번에는 초등 고학년의 빨리 읽기 습관을 고치는 방법 한 가지를 소개합니다. 초등 고학년이 비문학 도서 중 과학을 읽는다고 가정해 보겠습니다.

『보이는 물, 보이지 않는 물』이라는 과학책을 예로 들겠습니다. 초등 고학년이 읽는 보통의 과학책은 초등학교 과학 시간에 배우는 교과서의 단원들과 관련된 주제로 구성된 경우가 많습니다. "보이는 물, 보이지 않는 물"은 초등학교 5학년 2학기 과학에서 배우는 '물질의 상태'라는 단원과 연관 지을 수 있습니다. 과학책의 일부분을 가지고 왔습니다.

"물은 0℃ 이하에서는 고체 상태로, 0℃∼100℃에서는 액체 상태로, 100° 이상일 때는 기체 상태로 존재합니다. 고체 상태를 얼음, 액체 상태를 물, 기체 상태를 수증기라고 하지요. 우리 주변에는 항상 물이 있기 때문에 물이 신기하지도, 신비하지도 않아요. 하지만 자연 속에서 고체, 액체, 기체의 세 가지 상태로 존재하는 물질은 물밖에 없습니다. 물은 세 가지 상태를 순환하며 많은 역할을 하고 있습니다. 지구의 날씨에 큰 영향을 끼치고, 커다란 바위를 잘게 부수어 자갈과 모래로 만들기도 합니다. 쉴 새 없이 움직이며 땅의 모양을 바꾸기도 하고, 산과 계곡을 만들기도 하지요. 설탕을 물에 넣으면 녹아 설탕물이 됩니다. 이처럼 물은 많은 물질을 녹일 수 있어요. 석회 동굴도 물이 만든 작품입니다. 석회암이라는 암석은 빗물에 잘 녹아요. 그래서 석회암 지대에는 지하수에 의해 거대한 석회 동굴이 생깁니다."

– 『생활 속 원리과학』 「보이는 물, 보이지 않는 물」

그레이트 북스, 성혜숙, 2003

이 문단을 읽었다고 가정한다면 아이에게 방금 읽은 문단의 중심 내용을 소제목의 형태로 붙여보게 하는 것입니다. 이 문단의 중심 내용은 무엇일까요? '물의 세 가지 상태와 물의 역할'입니다. 중심 내용, 소주제를 파악하기 위해서는 각 문단의 내용을 정확하게 이해해야 합니다. 반대로 말하면 문단의 내용을 건성으로 읽으면 소주제를 파악하는 것이 불가능하다는 이야기입니다. 한 권의 책으로 문단의 중심 내용을 소제목 형식으로 붙이는 작업을 한다면 책의 길이에 따라 많은 소제목이 완성되겠지요. 이때 시중에 있는 투명한 포스트잇을 활용하면 좋습니다. 각각의 문단마다 옆에 소주제를 써서 붙여놓으면 됩니다.

처음에는 아주 번거롭고 힘든 작업일 수 있습니다. 그래서 고학년 학생에게 권하는 방법이기도 합니다. 하지만 책 한두 권만 이 방법을 실천하면 분명히 자신감이 붙습니다. 장담하는데 이 방법은 고등학생 때까지 쭉 사용하면 학습 능력을 향상하는 데 아주 많은 도움이 될 것입니다. 모든 글에는 하나의 주제가 있고 그 주제를 나타내기 위해 최선의 방법으로 구조를 만듭니다. 문단은 글 한 편의 주제를 나타내기 위한 아주 중요한 도구입니다. 문단마다 글쓴이가 표현하고자 하는 소주제는 반드시 있기 마련입니다.

소주제를 찾기 위해 꼼꼼하게 읽다 보면 배경지식도 저절로 쌓이게 됩니다. 책에 메모하며 읽는 습관은 참으로 좋은 습관입니다. 읽어도 이해가 가지 않는 부분의 질문을 적어도 좋고 다른 책에서 본 적이 있다면 어떤 책이었는지 찾아서 제목과 페이지를 적어 두어도 좋습니다. 나중에 다시 찾아보지 않더라도 좋습니다. 그 사실을 떠올려 보는 것이 천천히 제대로 읽고 있다는 증거이기 때문입니다.

늘 강조하고 있지만 이렇게 획득한 배경지식보다 더 중요한 것이 있습니다. 글을 천천히 읽으면서 사고력이 발달하고 있다는 점입니다. 문단의 소주제를 찾기 위해 비문학 글을 천천히 이해하며 읽는 순간 우리 아이의 뇌에서는 어떤 작용이 일어날까요? 논리적인 사실들을 이해하고 정리하고 다른 정보와 비교·대조, 확장하는 능력이 비약적으로 발전하고 있습니다. 교과서가 쉬워지는 것은 당연한 일입니다.

앞서 비문학 지문을 읽고 문제를 풀 때 아이들이 어떻게 하는지 알려주었습니다. 지문은 제대로 읽지 않고 다른 그림 찾기를 한다고 말했지요? 앞으로 비문학 지문을 읽고 문제를 풀어야 한다면 지문 옆에 문단마다 중심 내용을 적을 수 있도록 해주기를 바랍니다. 문단의 중심 내용을 고민하기 위해 천천히 읽는 습관을 형성할 수 있을 것입니다.

③ 모르는 단어는 반드시 확인하기

아이가 책을 읽고 내용을 이해하지 못하는 이유는 다양합니다. 앞서 말했듯이 빨리 건성으로 읽는 경우도 많지만 읽고 있는 글의 어휘가 너무 어려운 경우도 있습니다. 아이의 읽기 수준을 고려하여 읽기 능력에 비해 너무 어려운 어휘들이 포진 되어 있는 책은 읽지 않는 것이 좋습니다. 읽고 있는 책에서 50% 이상이 모르는 어휘라면 책 선택이 잘못된 경우라고 할 수 있습니다. 어른도 배우지 않은 중국어가 책의 절반이라면 아무리 읽기 능력이 뛰어난 사람이라도 이해하는 것이 불가능할 수밖에 없습니다. 아이가 읽고 있는 책의 85% 정도는 아는 어휘, 나머지 15% 정도는 모르는 어휘일 경우에는 아이가 글 속에서 유추하면서 읽을 수 있습니다. 먼저 책이 아이의 수준과 맞는지 점검할 필요가 있습니다.

책을 읽을 때 잘 모르는 어휘가 나왔을 때는 먼저 표시해 두어야 합니다. 표시는 하되 바로 사전을 찾기보다는 문장을 끝까지 읽고 혹은 문단까지 모두 읽어 보고 맥락 속에서 유추해야 합니다. 유추했는데도 모르면 사전을 찾아서 정리하는 것이 좋습니다. 그런데 문제는 아이들이 빨리 읽어 버리기 때문에 모르는 어휘가 나와도 그냥 넘겨 버린다는 것입니다. 나중에 물어보면 모르는 단어가 많은데도 다 읽었다고 이야기합니다. 글이 이해되었을까요? 전혀 읽지 않은 것과 같다는 것을 짐작할 수 있습니다.

순서는 간단합니다. 먼저 글을 읽다가 모르는 단어가 나오면 단어에 표시합니다. 그리고 계속해서 글을 읽습니다. 그 문장을 끝까지 읽어 봐도 잘 모르겠으면 문단까지 읽어 봅니다. 더 이상 단어의 뜻을 유추할 수 없을 때 사전을 찾아서 뜻을 읽어 보고 단어장에 메모합니다. 모르는 단어를 찾고 표시하고 사전까지 찾으려면 글을 제대로 천천히 읽을 수밖에 없겠지요?

책을 많이 읽다 보면 모르는 어휘가 있어도 문맥에서 유추하는 능력이 향상됩니다. 글 속의 정보를 서로 연결하고 인과 관계를 파악하게 됩니다. 모르는 어휘를 유추하는 능력이 향상되면 어휘력이 느는 속도에 가속도가 붙습니다. 책을 점점 더 빨리 읽을 수 있게 되고 빨리 읽지만 정확하게 읽을 수 있게 되는 것입니다. 처음에는 시간이 오래 걸리겠지만 실제로 읽는 것에 시간을 투자하지 않고 얻을 수 있는 독서의 효과는 아무것도 없다는 것을 늘 명심해야 합니다.

▲ 실천 포인트

· 초등 저학년 – 한 문장, 한 문단씩 틀리지 않고 읽고 의미 이야기하기

　　　　　　　　　순서 바꾸어서 반복하기

　　　　　　　　　점수판을 만들어 점수 매기고 보상하기

· 초등 고학년 – 투명 포스트잇 준비

　　　　　　　　　사회, 과학책 읽을 때 문단마다 소제목 붙이기

　　　　　　　　　책 한 권 끝까지 해보기

· 초등 전 학년 – 모르는 단어 표시하기

　　　　　　　　　문장, 문단 끝까지 읽으며 유추해 보기

　　　　　　　　　사전을 찾아서 단어 뜻 정리해 두기

　　　모든 부모는 독서 코칭 전문가가 될 수 있습니다

그림으로 천천히 속도 늦추기

① 단어를 그림으로 바꾸어 보세요

앞서 단어를 읽으면 우리 뇌에서 어떤 작용이 일어나는지 살펴보았습니다. 예를 들어 사회책에서 '민주주의는 국가의 주인은 국민이에요. 투표는 국민의 가장 소중한 권리예요'라는 두 문장을 읽었다고 가정해 보겠습니다. 아이는 먼저 글자를 소리로 바꾸고 소리가 어떤 뜻인지 이해합니다. 단어의 뜻을 이해하고 나면 문장으로, 문장의 뜻을 이해하고 나면 문단으로 확장해 나갑니다. 여기서 소리로만 읽지 않고 단어의 의미를 이해하려고 하는 과정이 중요합니다. 위 문장에서는 민주주의, 국가, 주인, 국민, 투표, 가장, 소중한, 권리 정도의 단어를 이해해야 합니다. 물론 단어와 단어를 연결해 주는 조사라는 단어도 중요합니다. 단어 사이의 관계를 나타내주는 역할을 하기 때문에 어떤 조사가 오느냐에 따라 문장의 뜻이 달라지기 때문입니다. 책을 많이 읽어서 숙련된 독서가가 되면 이런 일련의 과정들이 순식간에 일어나고 특히 문단과 문단의 관계 또한 빠르게 파악할 수 있습니다.

이제 읽기를 막 시작한 아이라면 소리가 무엇인지 알아내는 데 온통 집중할 것이고 소리가 무엇인지 알아내고 나면 머릿속으로 소리가 어떤 의미인지 떠올릴 것입니다. 구체적인 단어는 비교적 쉽게 떠 올리지만 추상적인 '개념어'는 떠올리기가 상대적으로 어렵습니다. 그래서 초등 저학년을 대상으로 어휘를 그림으로 나타내 보는 재미있는 활동을 합니다.

준비는 간단합니다. 단어를 읽고 그 단어의 의미를 글자가 아닌 그림 으로만 나타내는 것입니다. 위 문장에서 투표가 무엇인지 그 뜻을 파악 하고 나면 종이에 투표를 그림으로 나타내 봅니다. 이 수업을 하면 아이 들의 재미있고 참신한 아이디어들을 많이 발견합니다. 그만큼 아이들이 재미있어하는 활동 중 하나입니다. 어려운 단어가 나오더라도 의미를 꼼 꼼하게 읽어 보고 그림으로 그려내면 작지만 성취감도 느낄 수 있습니 다. 그림은 잘 그릴 필요 없이 작고 간략하게 그리면 됩니다. 미술 시간 이 아니니까요.

게임처럼 진행할 수도 있습니다. 단어와 단어의 뜻이 적힌 종이를 준 비합니다. 단어는 아이가 오늘 읽은 책에서 열 단어 정도 고릅니다. 그리 고 종이에 단어와 단어의 뜻을 사전에서 찾아 적어 주면 됩니다. 아이의 단어장을 만들어서 누적하여 적어 주는 것이 가장 좋습니다. 아이는 그

중에서 그리고 싶은 단어를 그림으로 그립니다. 그리고 엄마나 아빠가 그림이 무엇인지 맞히면 아이가 이기는 것입니다. 점수를 얻기 위해서는 추상적인 단어를 잘 표현해야겠지요? 늘 상기해야 합니다. 부모와 함께 노는 것을 아이들은 가장 좋아한다는 사실을요.

② 이야기책을 읽고 인물 관계도를 그려보세요

이야기책은 우리 아이들이 비문학에 비해 훨씬 좋아하는 영역입니다. 아이들이 읽을 수 있는 이야기책에는 창작, 명작 등이 있고 시대로 구분을 짓자면 현대 소설과 1894년 이전에 지어진 고전 소설로 나눌 수 있습니다. 고전 소설은 작품의 수가 정해져 있지만 현대 소설은 중, 고등학교 교과서에 실려있는 작품도 많고 지금도 계속해서 창작되고 있습니다. 특히 요즘은 청소년 소설이 꾸준히 발간되고 있어 아이들뿐 아니라 어른들에게도 인기가 많습니다. 명작은 작품성을 인정받은 잘 만든 작품을 말하며 현대와 고전을 모두 포함합니다.

소설은 꾸며낸 이야기로 인물, 사건, 배경을 3요소로 합니다. 즉 이야기에는 반드시 인물이 등장한다는 것입니다. 서술자가 인물의 행동이나 심리를 전달해 줌으로써 독자에게 주제를 전달합니다. 이런 이유로 등장인물의 관계를 파악하는 일은 이야기책을 읽는 데 있어서 아주 중요합니다. 초등 저학년이 읽는 전래고전이나 명작에는 인물이 많이 등장하지는 않습니다. 저학년이 읽기 쉽게 눈높이에 맞추어져 있기 때문에 인물의 관계를 이해하는 데 큰 어려움이 없습니다. 문제는 고전 소설입니다. 우리는 고전 소설을 읽음으로써 과거와 현재를 연결하고 미래를 준비할 수 있는 넓고 깊은 안목을 키울 수 있습니다. 시중에는 초등 고학년이 읽을 수 있도록 편집해 놓은 고전 소설이 많이 있습니다.

고전 소설의 특징 중 하나는 등장인물의 수가 많다는 것입니다. 또한 등장인물의 이름이 한 가지가 아니라 다양합니다. 처음에는 이름으로 나왔다가 나중에는 벼슬 이름으로 바뀌어 나오기도 하고 성만 부르기도 합니다. 아이들은 소설을 읽으면서 도대체 누가 누구인지 구분하기 어렵습니다. 고전 소설의 또 다른 특징은 등장인물의 명백한 선악 구도입니다. 고전 소설은 권선징악의 주제를 전달하는 이야기가 많기 때문에 선한 인물과 악한 인물로 나누어져 대립하는 경우가 많습니다.

『구운몽』을 예로 들어보겠습니다. 주인공은 신선 세계의 스님 '성진'입니다. 성진은 인간세계로 쫓겨나면서 '양소유'로 이름이 바뀝니다. 소설 중반부에 가서는 '양한림'이라고 불리기도 합니다. 벼슬의 이름을 붙인 것이지요. 그뿐만 아니라 함께 등장하는 주요 등장인물인 선녀는 여덟 명이나 됩니다. 성진, 양소유, 양한림을 모두 한 사람이라고 이해할 수 있을까요? 팔선녀의 이름을 일일이 기억하고 읽는 일 역시 쉬운 일이 아닙니다.

우리가 드라마를 볼 때를 생각해 볼까요? 보고 싶은 드라마 앞부분을 놓쳤다고 가정해 보겠습니다. 드라마 중반부터 보려니 잘 이해가 되지 않습니다. 그럴 때 무엇을 하나요? 저는 인터넷에 드라마를 검색하고 등장인물 관계도를 찾아봅니다. 등장인물 관계도를 보면 주인공과 주변 인물, 주동 인물과 반동 인물을 한눈에 알 수 있고 서로 어떤 관계인지도 짐작할 수 있습니다. 한 번씩 내용이 막힐 때마다 등장인물 관계도를 다시 보며 정리합니다.

마찬가지로 우리 아이들이 고전 소설이나 등장인물이 많아 이해하는 데 어려움이 있는 소설을 읽을 때는 등장인물 관계도를 직접 만들면 됩니다.

종이와 연필을 준비해 주세요. 방법은 이렇습니다. 책에 인물이 등장할 때마다 이름과 특징을 적습니다. 주인공이 나오면 가장 중간에 적어 두면 편하겠지요? 등장인물이 주인공과 어떤 관계인지 파악이 되면 화살표를 하고 주인공에게 도움을 주는 긍정적인 관계라면 파란색을, 어려움에 부닥치게 하는 부정적인 관계라면 빨간색으로 표시합니다. 서로 호감이 있는 사이라면 하트 표시를 해도 좋겠지요? 등장인물의 이름이 계속해서 바뀌는 경우 처음 등장하는 인물인지 기존 인물의 다른 이름인지를 꼼꼼하게 읽고 파악해야 합니다. 잘 모르겠으면 앞뒤 내용을 조금 더 읽어 보아야 합니다. 등장인물의 이름이 여러 개라면 그 인물 옆에 괄호를 하고 다른 이름들을 모두 적어 두면 됩니다. 이야기를 다 읽을 때까지 이 작업을 하면서 읽으면 천천히 제대로 읽을 수도 있고 읽고 나서 등장인물의 관계를 파악하여 내용을 이해하는 것이 훨씬 수월해집니다.

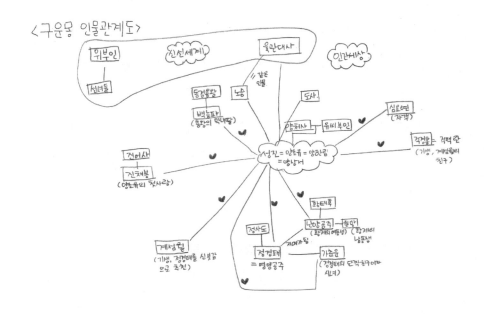

방금 살펴본 구운몽을 읽으며 등장인물의 관계도를 그린 실제 모습입니다.

만들어 둔 등장인물 관계도는 책 앞에 붙여 두고 고등학교에 가서 활용하면 됩니다. 고등학교에 가면 다시 구운몽을 배우게 됩니다. 물론 초등 고학년 때 읽은 구운몽보다 더 어렵게 쓰인 글일 수 있습니다. 하지만 등장인물이 변하지는 않기 때문에 스스로 만든 인물 관계도를 보면서 새롭게도 만들어 보고 비교해 보아도 좋습니다.

다른 사람이 만들어 놓은 인물 관계도를 보는 것보다 아이가 글을 읽으며 직접 만들다 보면 책 한 권을 마치 잘 씹어 먹은 여우처럼 몸속에 체화되는 것을 느낄 수 있을 것입니다. 이야기 하나를 제대로 읽는 경험이 쌓일수록 독서가 재미있다고 느낄 확률은 점점 커집니다. 동시에 뿌듯함을 느끼게 됩니다. 능동적인 읽기가 얼마나 중요한지 느낄 수 있을 것입니다.

- 초등 저학년 – 읽고 싶은 책 읽고 추상적인 단어 10개 고르기

  단어장에 단어의 뜻을 사전으로 찾아 정리하기

  아이가 원하는 단어를 종이에 그림으로만 그리기

  부모가 맞히면 아이가 점수 얻기

- 초등 고학년 – 고전 소설을 읽다가 등장인물이 나오면 맨 위에 차례로

  적기

  주인공을 가운데 적고 나머지 등장인물을 특징에 맞게

  화살표로 표시하기

  도움 주는 인물은 파란색, 방해하는 인물은 빨간색, 호감

  이 있으면 하트 표시하기

  등장인물의 바뀌는 이름은 모두 적어 두기

비문학을 읽고 나만의 정리 노트를 만드세요

천천히 읽기의 방법에 관해 이야기하고 있습니다. 학원에 오는 아이들에게 늘 귀에 딱지가 앉도록 이야기하지만 잘 고쳐지지 않는 습관 중 하나입니다. 그러니 말로만 천천히 읽으라고 해서는 효과가 없겠지요. 아이 스스로 제대로 읽는 습관이 형성될 때까지 여러 방법을 적용하다 보면 어느새 책 한 권을 씹어먹는 경험을 하게 됩니다.

지식 도서, 비문학을 읽고 나서 문단마다 중심 내용을 적는 방법을 알려주었습니다. 이번에는 조금 더 나아가서 사회나 과학책을 읽었을 때 노트에 정리하는 방법을 소개합니다. 어린 시절 초등학교 '전과'라는 책 기억하나요? 그때는 초등학생이라면 집마다 하나씩 있을 정도로 필수품이었지요. 요즘도 판매는 하고 있지만 평가문제집이나 자습서로 대체되고 있다고 합니다. 전과에는 모든 과목 교과서의 내용이 아주 잘 요약·정리되어 있습니다. 아이들이 그것만 달달 외우면 학교에서 성적을 잘

받을 수 있었지요. 지금은 어떨까요? 앞서 말씀드렸듯이 암기로 아이들을 평가하지 않습니다. 수학 과목에 사회와 과학 과목을 연결해 통합적으로 사고하고 개념을 확장하도록 요구하고 있습니다. 더 이상 요점 정리를 보고 암기하는 학습은 아무런 힘이 없다는 뜻입니다. 우리 아이들은 이제 반대로 교과서와 같은 글을 읽고 스스로 '전과'를 만드는 능력을 갖춰야 합니다.

이 방법은 초등 고학년 학생에게 적용할 수 있습니다. 저학년이 하기에는 어렵기도 하고 스트레스를 받을 수도 있습니다. 반드시 고학년이 되면 시작해 주기를 바랍니다. 방법은 이렇습니다. 집에 있는 사회나 과학책 중에 아이가 읽고 싶은 책을 한 권 정합니다. 꼭 아이가 스스로 고르도록 해주세요. 책을 정독할 수 있도록 최대한 꼼꼼하게 읽으라고 해주시면 됩니다. 문단마다 포스트잇으로 중심 내용을 기록하는 것도 해야겠지요. 다 읽은 후에 책의 앞부분, 이야기를 전달하는 부분이 있다면 그부분은 넘어가도 좋습니다. 본격적으로 사회, 과학과 관련해 정보를 전달하는 부분이 있다면 거기서부터 종이에 내용을 스스로 정리하면 됩니다.

이번에는 사회책의 일부를 가져왔습니다.

"한반도의 지형 – 동쪽이 높고 서쪽이 낮아요.

한반도는 삼면이 바다로 싸여 있고, 동쪽이 높고 서쪽이 낮아요. 대부분의 강이 동쪽에서 서쪽으로 흘러, 서쪽 지역 해안가에 평야가 발달했지요. 동해안은 해안선이 높은 산맥을 따라 나란히 뻗어 단조로운 모양을 하고 있어요. 서해안과 남해안은 해안선의 모양이 복잡해요.

우리나라에는 백두대간이라는 큰 산줄기가 뼈대를 이루고 있어요. 백두대간은 북쪽 끝의 백두산에서 시작되어 남쪽의 지리산까지 이어지는 산줄기예요. 우리나라의 대표적인 산줄기들은 모두 백두대간을 따라 서쪽으로 뻗어 있어요. 우리나라의 허리를 잘라 단면도를 살펴보면 아래 그림과 같은 모양이 될 거예요. 동쪽은 높고 서쪽은 낮지요. 이런 지형의 모습을 동고서저라고 해요. 백두대간에는 높은 지대에 넓은 평지가 펼쳐진 곳이 있어요. 이런 곳을 고위 평탄면이라고 하는데 대관령과 평창, 영월 등이 대표적이지요. 평평한 땅이 솟아올라 만들어진 이곳은 기온이 낮아 가축을 기르거나 고랭지 채소를 재배하기 좋아요."

– 『생활 속 사회 탐구』, 「우리 땅 구석구석」

그레이트 북스, 전현정, 2003

아이가 이 페이지를 읽었다고 한다면 책 페이지를 적고 정리를 시작합니다. 요점 정리를 할 때는 마인드맵이나 표를 만들어서 할 수 있습니다. 어떤 형태이든 자유입니다. 먼저 읽은 페이지에서 중요하다고 생각하는 단어를 동그라미나 밑줄을 그어 표시합니다.

한반도의 지형 - 동쪽이 높고 서쪽이 낮아요.

한반도는 삼면이 바다로 싸여 있고, 동쪽이 높고 서쪽이 낮아요. 대부분의 강이 동쪽에서 서쪽으로 흘러, 서쪽 지역 해안가에 평야가 발달했지요. 동해안은 해안선이 높은 산맥을 따라 나란히 뻗어 단조로운 모양을 하고 있어요. 서해안과 남해안은 해안선의 모양이 복잡해요.

우리나라에는 백두대간이라는 큰 산줄기가 뼈대를 이루고 있어요. 백두대간은 북쪽 끝의 백두산에서 시작되어 남쪽의 지리산까지 이어지는 산줄기예요. 우리나라의 대표적인 산줄기들은 모두 백두대간을 따라 서쪽으로 뻗어 있어요. 우리나라의 허리를 잘라 단면도를 살펴보면 아래 그림과 같은 모양이 될 거예요. 동쪽은 높고 서쪽은 낮지요. 이런 지형의 모습을 동고서저라고 해요. 백두대간에는 높은 지대에 넓은 평지가 펼쳐진 곳이 있어요. 이런 곳을 고위 평탄면이라고 하는데 대관령과 평창, 영월 등이 대표적이지요. 평평한 땅이 솟아올라 만들어진 이곳은 기온이 낮아 가축을 기르거나 고랭지 채소를 재배하기 좋아요.

위와 같이 밑줄을 긋고 종이에 정리해 봅니다. 잘 보면 알겠지만 밑줄 그은 부분을 모두 적은 것입니다.

한반도의 지형 - 동고서저, 삼면이 바다

서쪽 지역 : 평야발달

해안선 : 동해안 단조로움, 서해안 남해안 복잡

백 두 대 간 - 북쪽 끝의 백두산 → 남쪽의 지리산

고위 평탄면 : 높은 지대에 넓은 평지, 평창, 영월,

가축 기르기, 고랭지 채소 재배

이런 식으로 중요하다고 표시한 부분을 완성된 문장의 형식이 아니라 짧게 정리하는 것입니다. 처음에는 중요한 부분을 찾는 것이 어렵게 느껴집니다. 당연한 현상입니다. 중요한 것은 이렇게 중심 내용을 찾다 보면 글을 천천히 제대로 읽을 수밖에 없습니다. 모르는 단어에 집중하게 되고 무슨 뜻인지 이해하기 위해 애쓰게 됩니다. 정리의 결과물이 중요한 것이 아닙니다. 정리 노트 만드는 것은 계속해서 강조하고 있는 제대로 읽기를 하기 위한 수단입니다. 빨리 읽고 지나쳐 버리지 않기 위해서 끊임없이 제동을 걸어주는 것이지요. 읽고 이해하려고 애쓰는 순간에 우

리 아이의 공부 머리가 자라고 있기 때문입니다. 정리를 잘했는지 꼼꼼하게 따져 보는 것보다 중요한 내용을 찾으려고 얼마나 노력했는지가 중요합니다. 처음에는 엉뚱한 부분이 중요하다고 표시할 수 있습니다. 하지만 정리를 반복할수록 즉, 천천히 이해하며 읽으려고 애쓸수록 정리 노트를 작성하지 않고 읽을 때도 정보를 받아들이고 중요한 부분을 파악하는 능력이 향상될 것입니다. 모든 책으로 하기 어렵다면 일주일에 한 권씩 정해두고 하는 것도 좋은 방법입니다. 단언하는데 이 방법을 일주일에 한 번만 활용하면 아이의 학습 능력은 가속도를 붙여 발달할 수 있습니다. 이번 주 바로 시작해 보면 어떨까요?

· 초등 고학년 ‒ 아이가 읽고 싶은 사회나 과학책 읽기

　　　　　　　본격적으로 정보를 전달하는 부분 고르기

　　　　　　　중요한 단어나 구절에 밑줄 긋기

　　　　　　　마련한 정리 노트에 여러 가지 자유 형식으로 정리하기

7

질문의 힘, 비판적 사고력 기르기

책을 읽을 때 어떤 준비를 하고 읽나요? 저는 책을 읽을 때 연필을 준비합니다. 연필을 준비하는 이유는 읽다가 의문이 생길 때마다 책에 적어 두기 위해서입니다. 예를 들어 방금 읽은 부분이 앞에서 언급한 내용과 상반된다든지 장황하게 이야기하다가 결론이 없다면, '앞에서는 이렇게 얘기했는데?' 또는 '그래서 방법은?'과 같은 메모를 해둡니다. 에세이를 읽을 때는 '이 부분을 모든 사람에게 다 적용할 수 있을까?'처럼 메모하는 것이지요. 이런 과정을 반복하면서 읽으면 책을 읽는 데 시간이 오래 걸립니다. 저절로 천천히 읽기가 되지요. 질문을 던질 수 있다는 것은 내용을 능동적으로 읽고 있다는 것을 방증하는 것입니다. 능동적으로 글을 읽는다는 것은 무슨 뜻일까요?

능동적으로 글을 읽는다는 것은 수동적인 읽기와 반대되는 읽기 방법입니다. 자신의 흥미와 관심, 수준에 맞는 책을 선정하여 읽는 것을 시작으로 하지요. 모르는 것이 나오면 참고 자료를 찾아 궁금증을 해결하고 메모하며 관련된 배경지식을 넓혀 나갈 수 있습니다. 자신의 독서 과정을 스스로 계획하고 잘못된 것은 없는지 점검하고 조정도 할 수 있지요. 이 모든 과정이 능동적인 읽기의 과정입니다. 책을 읽으며 이런 과정을 거쳐야 독서의 즐거움을 깨닫게 됩니다.

다른 사람과 대화한다고 가정해 볼까요? 상대방의 이야기를 경청하지 않으면 주고받는 대화를 이어가기 힘듭니다. 상대방의 말에 더 이상 대답도 질문도 할 수 없기 때문입니다.

아이가 책을 읽는다는 것은 작가와 끊임없이 대화하는 과정입니다. 글쓴이는 글이라는 매개체를 통해 독자와 만나는 것입니다. 독자 역시 글을 통해 작가의 생각을 파악하고 교훈을 얻기도 합니다. 작가가 전하고자 하는 바를 파악하는 과정에서 작가의 생각이 옳은지, 비판적으로 생각해 봐야 할 부분은 없는지, 끊임없이 사고하는 과정에서 비판적이고 논리적인 사고 능력이 발달하게 됩니다. 이 역시 천천히 생각하며 제대로 읽을 때 가능한 일입니다.

부모는 아이가 책을 읽고 나면 사실과 관련된 질문을 많이 합니다. 물론 책을 제대로 읽었는지 파악하기 위해 필요한 과정일 수 있습니다. 하지만 초등 저학년이라면 완벽히 기억하면서 읽는 것은 불가능합니다. 아이가 읽은 책에서 떠오르는 대로 단편적으로 단어 정도만 이야기해도 괜찮습니다. 단, 천천히 읽기 연습을 제대로 하고 있다면 시간이 지나면 더 많은 내용을 떠올리게 됩니다. 고학년 역시 앞에 소개한 방법으로 연습을 꾸준히 진행하면 제대로 읽기에 적응이 되어 학습 능력이 비약적으로 발전하게 됩니다.

이번에는 아이에게 질문을 하는 대신에 반대로 아이들이 질문을 할 수 있게 이끄는 방법입니다. 능동적으로 책을 읽으려면 자꾸 질문을 떠올리며 읽어야 하기 때문입니다. 작가와 책으로 대화를 주고받는 과정이지요.

아이와 함께 재미있는 이야기책을 한 권 고릅니다. 책의 처음 부분만 읽고 잠시 책을 덮습니다. 방금 읽은 부분에서 아이에게 궁금한 점이 없는지 물어봅니다. 아이가 쉽게 대답하지 못할 수 있습니다. 그럴 때는 부모가 예시를 들어주면 됩니다. 『만복이네 떡집』을 읽었다면 '만복이가 친구들에게 나쁜 말을 하는데 어떻게 생각해?'라고 질문을 해주면 됩니다. 그러면 아이는 '우리 반에도 나쁜 말을 하는 애들이 많아.'라고 말할 수도 있고 '나쁜 말을 하면 안 되지.'라고 말할 수도 있습니다. 대답은 무엇이 되었든 상관없습니다. 아이가 책의 내용을 곱씹으며 인물의 행동이 옳은지 그른지를 판단해 볼 수 있는 기회를 주면 됩니다. 혹은 마지막에 '장군이가 떡을 먹으면 어떻게 바뀔까?'처럼 질문을 스스로 떠올릴 수 있도록 예시를 많이 만들어서 질문하면 됩니다.

실제로 둘째 아이와 『만복이네 떡집』을 읽으면서 나누었던 대화가 생각납니다. 처음 부분만 읽고 둘째에게 궁금한 점이 없는지 물었습니다.

"엄마, 나쁜 말을 하는 아이가 주인공이면 안 되는 거 아니야?"

1학년이었던 둘째는 착한 사람만 이야기의 주인공이 될 수 있다고 생각했던 모양입니다. 아이에게 질문을 해보라고 하면 아이의 엉뚱한 생각을 듣는 재미도 있습니다. 첫 부분만 읽으며 질문을 해보라고 한 이유는 초등 저학년의 경우에는 책을 다 읽고 나면 앞부분이나 중간 부분이 떠오르지 않을 수 있기 때문입니다. 또는 책을 다 읽고 책의 앞부분부터 다시 보면서 질문을 만들어 보는 것도 좋은 방법입니다. 질문에는 여러 종류가 있습니다. 주제와 관련된 질문, 사실, 비판, 조언과 관련된 질문일 수도 있습니다. '나라면 어떻게 했을까?'처럼 상상과 관련된 질문이 나올 수도 있습니다. 고학년이 될수록 주인공이 왜 그런 행동을 했는지, 그 행동은 옳은 행동인지, 옳지 않다면 그 이유가 무엇인지 점점 꼬리를 물고 비판적으로 생각할 수 있을 것입니다. 질문을 떠 올리다 보면 내용을 곱씹어야 하고 이 습관이 책을 제대로 읽을 수 있게 도와줄 것입니다.

안전한 수혈이 가능하도록 ABO식 혈액형의 비밀을 풀어내 노벨 생리의학상을 받은 카를 란트슈타이너 박사는 호기심이 많았습니다. 외과 의

사였던 카를 란트슈타이너 박사는 수혈 과정에서 사람들이 죽는 상황이 안타까웠지요. 끊임없는 의문을 가지며 연구한 끝에 혈액형의 비밀을 밝혀냈습니다. 너무나 유명한 아인슈타인은 어땠을까요? 아인슈타인은 빛의 속도가 매우 빠르다는 것을 배웠습니다. 동시에 '내가 빛을 타고 달린다면 세상이 어떻게 보일까?'라는 의문을 가졌지요. 이러한 의문은 나중에 상대성 이론이라는 역사에 남는 법칙을 발견하는 토대가 됩니다. 만유인력의 법칙을 발견한 뉴턴도 나무에서 떨어지는 사과를 보고 궁금증을 가졌지요. 사과가 나무에서 떨어지면 하늘로 날아가서 한없이 헤매다가 어느 행성으로 떨어질 수도 있는데 왜 다시 지구로 떨어지느냐, 의문을 가졌던 것입니다.

해답을 찾는 것보다 궁금증을 가져보는 것이 더 중요할 때가 있습니다. 위대한 지식의 발견은 궁금증에서 시작하기 때문입니다. 아이에게 책을 읽고 의문을 가지게 해주세요. 아이의 질문이 책을 제대로 재미있게 읽는 원동력이 될 수 있습니다.

· 초등 전 학년 – 아이가 읽고 싶은 책 고르기

책의 일부분 읽고 질문 만들어 보기

책의 전체 읽고 앞부터 보면서 질문 만들어 보기

8

글을 읽고 학습할 때는 숲을 봐야 합니다

교육 현장에 오래 있다 보면 학습을 잘하는 방법을 자연스럽게 터득하게 됩니다. 실제로 아이들을 가르치거나 독서 코칭을 하기 위해서는 저 역시 끊임없이 읽고 공부해야 합니다. 아이들이 더 나은 환경에서 행복한 독서를 할 방법을 고민하고 관련 서적도 많이 읽으려고 노력합니다. 학창 시절부터 따지자면 초등학교에 입학 후 35년이 넘게 글을 읽고 이해라는 것을 하는 셈이지요. 이것은 비단 저만의 이야기가 아닙니다. 무슨 일이든, 자기 계발을 하기 위해서는 공부해야 합니다. 직장에 다니기 위해서나 장사를 하기 위해서도 끊임없이 읽고 생각하는 과정이 이어집니다. 우리 아이들은 어떨까요?

오랜 기간 아이들을 관찰하다 보면 아이들의 학습 유형을 알 수 있습니다. 아이들 중 유독 공부 시야가 넓은 아이들이 있습니다. 반면에 공부 시야가 좁은 아이들도 있지요. 공부 시야는 따로 존재하는 말은 아닙니다. 교육 현장에서 아이들을 지켜보면서 제가 생각해 낸 말이지요. 공부 시야는 지금 내가 읽고 있는 것, 혹은 공부하고 있는 부분의 전제를 볼 수 있는 능력을 말합니다. 즉 나무가 아니라 숲을 볼 수 있는 능력입니다. 공부 시야는 넓을수록 좋습니다. 내가 학습하고 있는 부분이 전체의 어느 부분에 속하는지 전체 주제와 관련성을 염두에 두고 학습하는 것이 중요하기 때문입니다. 공부 시야는 어떻게 책을 읽느냐에 따라 충분히 넓힐 수 있습니다. 제대로 읽으면 넓어지고 넓어지면 제대로 읽을 수 있는, 순환 작용을 하는 것입니다.

모든 글은 하나의 주제를 드러냅니다. 소설이든 논설문이든 설명문이든 글쓴이는 자신이 의도하는 주제를 드러내기 위해서 글을 전개합니다. 이런 이유로 글의 각 문단은 유기적으로 연결되어 있습니다. 결국에는 부분이 긴밀하게 모여서 한 편의 글이 된다는 말입니다. 교과서는 어떨까요? 단원마다 이루어야 할 성취 기준이 있고 그 성취 기준에 따라 유기적으로 교과서를 구성합니다. 또한 각 학년에서 배우는 과정은 다음 학년으로 이어지게 됩니다. 각 과정을 구성할 때도 과목 간, 학년 간 내용을 연계하여 구성한다는 의미입니다.

학교에서도 교육과정을 교수, 학습하는 방법에 '교과 내 영역 간, 교과 간 내용 연계성을 고려하여 수업을 설계하고 지도함으로써 학생들이 융합적으로 사고하고 창의적으로 문제를 해결하는 능력을 함양할 수 있도록 한다.'고 명시하고 있습니다. 즉 내가 읽고 있는 부분이 '여기서 끝'이 아니라 다른 과목, 다른 학년, 다른 책, 다른 지식과 모두 연결되어 있다는 생각을 해야 한다는 것입니다. (참고: 초·중등학교 교육과정 총론, 2022 개정 시기, 교육부 고시 제2022-33호)

그렇다면 글을 읽을 때 어떻게 해야 할까요? 숲을 보는 학습의 가장 기본이 되는 것은 제목과 목차입니다. 아이 대부분은 제목을 대수롭지 않게 여깁니다. 제목에서 모든 정보를 얻는 것은 당연히 불가능합니다. 하지만 제목과 표지를 보고 어떤 내용인지 짐작하고 추측하는 것은 한 호흡 쉬어가는 천천히 읽기, 제대로 읽기의 시작입니다. 아이와 함께 책을 본격적으로 읽기 전에 책의 제목과 표지를 살펴보며 어떤 내용일지 미리 이야기를 나누어 보세요. 이 시간이 길어질수록 책의 첫 페이지를 대하는 아이의 태도가 달라질 수 있습니다.

책을 펼치면 책의 종류에 따라 다르겠지만 어떤 내용을 다룰 것이라는 설명이 나오기도 하고 목차가 나오기도 합니다. 때로는 등장인물에 대한 소개가 있기도 합니다. 이 부분을 그냥 지나치지 말고 꼼꼼히 살펴보아야 합니다. 어떤 책이든 책의 흐름이 어떻게 전개될지 가늠하는 것은 좋은 습관입니다. 바로 예측하며 읽기입니다. 예측하며 읽기란 배경지식, 읽기 맥락 등을 활용하여 글의 내용과 주제, 구조 글쓴이의 의도 등을 추측하며 읽는 것을 말합니다. 여기서 읽기 맥락이란 글의 제목이나 흐름, 차례, 글에 드러난 정보, 그림이나 사진, 도표 등 글에 직접 드러나거나 숨겨진 정보를 말합니다. 예측하며 읽는다는 것은 단숨에 읽어 버리는 것이 아니라 글을 읽으면서 맥락을 활용하며 많은 생각들을 할 수 있다는 뜻입니다. 글쓴이가 글 초반에 자신이 경험을 썼다면 그 경험과 관련된 주제가 앞으로 다루어질 예정이구나 하고 예측할 수 있습니다. 반대로 글쓴이가 글에서 다루고자 했던 내용이 명확하게 드러나지 않는다면 '왜'라는 의문을 가질 수도 있습니다.

앞서 다루었던 비판적 사고력도 숲을 볼 수 있을 때 더 진가를 발휘합니다. 아이가 교과서를 읽는다면 단원의 학습 목표를 정확하게 알아야 합니다. 학습 목표는 교과서 단원 맨 앞부분에 제시되어 있습니다. 내가 이 단원에서 어떤 것에 중점을 두고 학습해야 하는지 교과서를 읽으면서도 머릿속에 큰 지도가 그려져 있어야 합니다. 이런 습관은 중고등 학습으로 이어졌을 때 내신 시험에서 출제자의 의도를 파악하는 데 아주 큰 몫을 합니다. 선생님은 단원의 학습 목표와 관련된 문제를 출제하기 때문입니다. 단원의 학습 목표가 '글에 사용된 다양한 설명 방법을 파악하며 글을 읽을 수 있다'라면 시험에는 내용을 설명하는 방법, 내용 전개 방법이 당연히 출제될 수밖에 없습니다.

학습 목표를 명확히 알고 교과서를 읽으면 설명문을 읽을 때 머릿속으로 여기에 어떤 '설명 방법'이 쓰였는지 염두에 두고 읽을 수 있습니다. 예를 들어 '정전기란 전하가 정지 상태로 있어 그 분포가 시간적으로 변화하지 않는 전기 및 그로 인한 전기 현상을 말한다.'라는 문장을 읽었다고 가정해 보겠습니다. 아이는 이 문장을 읽으면서 '아, 이 문장은 정전기의 뜻을 설명해 주므로 정의의 방법이 쓰였구나'와 같이 생각할 수 있겠지요. 자세히 제대로 생각하면서 읽을 수밖에 없습니다. 단순히 내용을 이해하며 읽는 것보다 훨씬 고차원적인 읽기가 가능하다는 뜻입니다. 시험 대비를 위한 공부하는 시간을 단축할 수 있을 뿐만 아니라 아이의 읽기 능력은 더욱 발전하게 됩니다.

이것은 꼬리에 꼬리를 무는 독서와도 연결됩니다. 지금 읽고 있는 한 권의 책으로 끝내는 것이 아니라 관련된 다른 책으로 흥미를 이어갈 수 있습니다. 아이가 위인 『장영실』을 읽고 있다고 가정해 보겠습니다. 장영실은 조선시대에 살았던 우리나라를 대표하는 과학자이자 발명가입니다. 장영실은 많은 발명품을 남겼습니다. 자격루, 간의, 풍기대, 일성정시의, 앙부일구, 수표 등이지요. 그중 자격루는 항아리의 물이 흘러 내리는 것으로 시간을 알 수 있는 물시계입니다. 아이는 어떻게 물로 시간을 알 수 있는지 궁금하여 자격루의 원리에 대해서 관련된 정보를 더 찾아볼 수 있습니다. 또한 장영실이 살았던 때는 조선시대로 태어날 때부터 신분이 정해지는 사회입니다. 장영실은 천민 중에서도 가장 업신여김을 받던 노비 신분이었습니다. 하지만 열심히 재능을 키웠기 때문에 백성들에게 사랑받는 과학자가 될 수 있었지요. 장영실은 나중에 세종대왕의

부름을 받아 노비 신분에서 벗어나게 되었습니다. 아이는 조선시대에 신분제도가 무엇인지 더 알아볼 수 있고 천민 장영실이 노비 신분에서 벗어날 수 있었던 이유와 관련해서 세종대왕 위인전을 읽어 볼 수도 있습니다. 세종대왕 위인전을 읽으면 세종대왕 시절에 발명된 다양한 발명품을 더 많이 만나볼 수도 있습니다.

소설로도 가능할까요? 충분히 할 수 있습니다. 초등 고학년이 황순원의 소설 『소나기』를 읽었습니다. 자기 또래의 소년과 소녀의 슬픈 사랑이야기에 읽고 나서도 가슴이 먹먹했지요. 바로 이럴 때 『소나기』를 재구성한 드라마 대본이 있다는 것을 알려주면 됩니다. 갈래가 소설에서 대본으로 바뀌면 어떤 공통점과 차이점이 있는지 알 수 있고 하나의 이야기가 갈래가 달라지면서 재미나 감동도 어떻게 달라지는지 읽는 경험으로 학습할 수 있습니다. 『소나기』를 각색한 작품이 있다는 것을 알기 어렵다면 『소나기』와 관련된 정보를 검색해 보면 됩니다. 『소나기』와 관련된 다른 자료도 찾을 수 있습니다.

꼬리에 꼬리를 무는 독서를 하기 위해서 처음에는 부모의 역할이 어느 정도 필요합니다. 아이가 스스로 메모하고 관련 내용을 찾아보면 좋겠지만 그렇지 못할 확률이 더 높습니다. 아까 말한 것처럼 표지와 제목에서 시작하여 이야기를 나누고 목차를 살펴봅니다. 지금 읽고 있는 내용이 목차의 어떤 부분인지 앞의 내용과 어떻게 연결되는지 질문과 대답을 통해 환기해 주면 됩니다. 쉽지 않은 일이지만 몇 번만 반복해 보면 아이도 책을 읽을 때 책의 표지와 제목, 교과서의 학습 목표를 소홀하게 대하지 않는 습관을 만들 수 있습니다. 초등학교 때 미리 습관을 잡아 두면 중·고등학교에 가서 진가를 발휘할 수 있습니다.

숲을 보는 독서가 중요한 이유는 이런 과정들이 글을 읽으면서 지금 읽고 있는 내용의 지식을 이미 내가 알고 있는 지식과 연결하고 확장하여 활용하고 적용할 수 있는 능력을 길러주기 때문입니다. 단편적으로 내가 읽고 있는 부분에만 매몰되지 않고 점차 범위를 넓혀 가는 읽기를 통해 분명히 아이는 독서의 진짜 재미를 느낄 수 있을 것입니다.

모든 지식은 하나만 동떨어져 존재하지 않고 세상의 길처럼 서로 연결되어 있습니다. 그렇기 때문에 알고 있는 지식을 잘 연결 지을 수 있는 능력은 아주 중요합니다. 그래야만 내가 알고 있는 다양한 지식과 경험을 융합하여 새로운 지식으로 재창조할 수 있는 역량을 기를 수 있기 때문입니다. 깊이 있는 독서는 오히려 멀리서 숲을 보는 독서로부터 시작되어야 가능합니다. 시야를 넓혀 멀리 보아야 깊이 파고들 수 있습니다.

· 초등 전 학년 – 책의 제목과 표지를 보고 내용 예측하는 대화 나누기

책의 처음 부분 목차나 인물 소개, 교과서 학습 목표

읽고 대화 나누기

읽고 있는 책의 그림, 사진, 도표를 보고 예측하는 대화

나누기

아이가 읽은 책과 관련된 다른 책 찾아서 함께 읽기

우리 아이도 달라질 수 있어요

천천히 제대로 읽으면

우리 아이가 어떻게 성장 할까요?

그 마법 같은 이야기를 들려드립니다.

9

영어 원장님께 전화를 받았어요

3학년 1학기에 학원을 방문한 준수의 읽기 능력은 안타깝지만 심각한 수준이었습니다. 학년은 3학년이지만 1학년 정도의 읽기 능력을 가지고 있었지요. 준수에게 사회와 과학책을 읽혔더니 내용도 이해하지 못할 뿐더러 재미도 느끼지 못했습니다. 이해를 못 하면 재미를 느끼지 못하는 것은 실과 바늘처럼 한 세트이니 당연한 결과였습니다. 준수의 또 다른 문제는 사회나 과학과 같은 책에 나오는 정보에 아무런 관심이 없다는 것입니다. 앞에서 호기심이 지식 도서로 이어지는 과정에 대해 언급했었지요? 그러나 준수는 학교에서도 학원에서도 궁금한 점이 많지 않은 아이였습니다. 왜 앉아서 책을 읽어야 하는지 그 시간이 그저 답답하게만 느껴진다고 했습니다. 그러다 보니 집중할 수 있는 시간이 아주 짧았습니다. 스스로 책을 읽어야 하는데도 불구하고 책을 펼쳐두고는 먼산만 바라보기 일쑤였지요. 3학년 교과서를 읽고 이해하는 것이 어려웠기 때문에 학교에서도 선생님에게 꽤 지적을 많이 받는 모양이었습니다. 준수는 책에 흥미를 붙이는 것이 가장 급선무였습니다. 이해하기 어려운 사회와 과학 영역을 억지로 읽히는 것은 준수의 독서 흥미를 떨어뜨리는 일이라고 판단했습니다. 비문학 교재를 과감히 빼고 준수가 읽고 싶어 하는 책 위주로 읽도록 했습니다. 준수가 그나마 흥미를 보이는 책은 전래고전이었습니다. 전래고전은 비현실적인 이야기가 많고 우리 아이들이 한창 좋아하는 방귀나 똥이 소재로 등장하기도 합니다. 준수에게는 다양한 영역 대신에 읽고 싶은 영역으로 마음껏 읽도록 자유를 주었습니다. 한마디로 한 시간 동안 '어떻게든 책이랑 재미있게 놀아봐.' 하고 책 속에 던져둔 것입니다.

예상은 했지만 처음부터 난항을 겪었습니다. 준수는 일단 오래 앉아 있는 힘이 부족했기 때문에 스스로 책을 읽을 수 있는 시간이 너무나 짧았습니다. 다른 친구들이 와서 책을 읽고 가는 양에 비하면 절반도 안 되는 양을 읽고 가는 날이 대부분이었습니다. 준수 어머니에게 준수는 준수만의 속도로 책을 읽고 갈 테니 믿고 기다려 달라 말하고 쓰기 활동도 하지 않았습니다. 단, 조건이 하나 있었습니다. 얼마만큼의 책을 읽든지 책에 대해 저와 꼭 이야기 나누기였습니다.

단순히 한 시간 동안 멍하게 앉아 있었는지를 파악하기 위한 목적도 있었지만 대화를 통해 준수의 마음을 읽어 주는 시간이 필요하다고 생각했기 때문입니다. 학교에서도 학원에서도 칭찬 한마디 못 들었을 준수에게 책을 잘 읽어 오면 칭찬을 듬뿍듬뿍 해주어 책과 조금은 친해질 수 있도록 도와주고 싶었습니다. 준수와 같이 책에 흥미가 전혀 없는 아이에게는 우선 책에 마음을 열게 해주는 것이 첫 번째 순서였습니다.

준수가 전래고전을 읽고 오면 함께 책 이야기를 나누었는데 당연히 내용을 이해하지 못했거나 기억하지 못한 경우가 대부분이었습니다. 준수에게 천천히 제대로 읽기 솔루션을 시작하였습니다. 일단 한 페이지를 펴 두고 한 문장씩 소리 내어 읽었습니다. 그리고 방금 읽은 부분을 책을 덮고 다시 이야기할 수 있게 해주었지요. 다음은 폭풍 칭찬 순서입니다. 읽은 부분을 잘 떠올려 이야기하면 '거봐 준수야, 할 수 있잖아.', '정말 잘했어.' 하며 잘한 부분을 크게 칭찬했습니다. 읽다가 모르는 단어가 나오면 반드시 선생님에게 가지고 와서 물어봐야 한다고 일러두고 실제로 물으러 오기만 하면 마치 큰 상이라도 받아 온 것처럼 칭찬했지요. 욕심부리지 않고 하루에 전래고전 딱 다섯 장을 이해하고 기억하면서 재미있게 읽는 것을 목표로 했습니다. 또 한 가지, 칭찬은 반드시 듣고 갈 수 있도록 했지요.

전래고전으로 한 줄 읽고 한 줄 말하기를 한 지 두 달 반쯤 되었을 때 한 줄이 아닌 한 문단 읽고 이야기하기로 양을 늘려 보았습니다. 그런데 웬걸, 너무 늦게 양을 늘린 게 아닌가 싶을 정도로 이야기를 잘했습니다.

그때쯤 준수는 전래고전 한 권을 모두 읽고 완벽하지는 않지만 이해와 기억을 할 수 있을 정도의 읽기 능력을 갖추었던 것입니다.

　이야기책은 단순히 재미만 주는 것이 아닙니다. 이야기를 읽으며 등장인물의 마음을 이해하고 공감해야 하지요. 등장인물의 마음을 이해하려면 이야기 속에서 일어난 일, 즉 사건과 사건을 둘러싼 배경, 그리고 갈등 양상을 정확하게 파악해야 합니다. 갈등이란 인물의 마음속 생각이 대립하거나, 인물들 간의 의견이나 관계가 대립하여 서로 복잡하게 얽혀 있는 상태를 말합니다. 이야기 글은 갈등이 전개되고 해결되는 과정에서 작품의 주제가 나타납니다. 준수는 이야기를 읽으며 머릿속으로 이런 요소들을 이해하기 위해 끊임없이 생각하게 됩니다. 앞에서 일어난 일들을 단서로 뒤에 이어질 일을 상상하기도 하고 준수 자신의 입장에서 인물의 현실 대응 방식을 점검해 보고 나의 경험과 비교해 보기도 합니다. 이 과정에서 자연스럽게 이야기의 주제를 파악할 수 있습니다. 또한 등장인물의 마음에 공감하는 것은 물론이고 인물의 삶뿐만 아니라 자기 삶을 성찰할 수도 있습니다. 이야기를 제대로 읽기만 하면 주제를 파악하는 능력, 다른 사람에게 공감하는 능력, 자신에 대해 성찰하는 힘까지 모두 기를 수 있다는 말이지요. 이것이 이야기책 읽기의 힘입니다.

　더 중요한 것은 준수가 전래고전을 재미있게 읽은 덕분에 다른 책에도 흥미를 느끼기 시작했다는 것입니다. 드디어 사회책, 과학책에도 관심을 가졌고 지식 도서 읽기를 시작할 수 있었습니다. 읽고 싶은 책 읽기를 시작한 지 일 년이 다 되어가던 날, 준수 어머니에게 이제 다른 아이들처럼 준수도 비문학 교재 풀기를 시작할 예정이라고 전달했습니다. 어머니는 학교에서도 아이들이나 선생님과 소통하는 게 훨씬 수월해졌다고 이야기 해주었지요. 며칠 후 같은 동네에 준수가 다니는 영어 학원 원장님에게 전화가 왔습니다. 요즘 준수의 영어 실력이 많이 늘었고 집중하는 시간도 제법 길어졌다는 이야기였습니다. 책 읽기를 도와주어서 감사하다는 말까지 전해주었습니다. 실제로 영어 학원에서 재시험에 걸려서 독서 학원에 늦게 오는 경우가 훨씬 줄어들었습니다. 준수에게도 학원에서 보내는 시간이 줄어들어 과제를 하거나 쉴 수 있는 시간이 늘어난 셈입니다.

4학년인 준수는 이제부터 시작입니다. 드디어 자기 학년의 교과서를 읽고 이해할 수 있는 수준이 된 것입니다. 책을 읽는 것 외에 준수의 읽기 능력을 끌어올릴 방법은 없습니다. 지금부터도 제대로 많이 읽어야 앞으로 중학교, 고등학교에 가서 학습 능력을 더욱 향상할 수 있습니다. 만약 준수가 전래고전에서 재미를 느끼지 못했다면 다른 지식 도서를 읽을 수 있었을까요? 재미있게 읽고 칭찬을 많이 받아 자신감이 생긴 준수는 '나도 잘할 수 있네' 하고 스스로 놀라고 있었습니다. 그리고 뿌듯했지요. 이것이 준수가 책을 읽기 시작한 원동력이었습니다.

준수는 학원에 오는 것이 싫어 엄마에게 떼를 쓰던 아이에서 점점 학원 오는 시간을 기다리는 아이로 바뀌었습니다. 책을 읽으러 오는 독서 학원만 그럴까요? 점점 이해가 쉬워지는 영어 학원도, 교과서가 읽어지는 학교도 마찬가지가 아닐까요? 읽기 능력이 얼마나 중요한지, 슬기로운 학원 생활을 가능하게 하는 경험을 우리 아이들에게 주고 싶습니다. 우리 아이와 아이가 읽고 싶은 책을 천천히 읽으며 함께 이야기 나누기를 바랍니다. 그리고 많이 칭찬해 주세요. 우리 아이도 바뀔 수 있습니다.

천천히 돌아가는 길이 가장 빠른 길

　제대로 읽기를 하려면 시간이 오래 걸릴 수밖에 없습니다. 처음 은우를 만난 것은 초등학교 2학년 5월이었습니다. 책을 그다지 좋아하지도 않고 싫어하지도 않는 평범한 아이였지요. 은우는 엄마가 함께 책 읽는 곳에 가자고 하니 썩 달갑지는 않았습니다. 은우는 어머니와 상담을 진행하는 동안 자동차와 관련된 과학책을 읽었습니다. 상담이 한 시간을 넘어가자 조금씩 지겨워졌는지 엄마 옆에 슬쩍 와보기도 하고 지루한 표정을 짓기도 했습니다. 어머니는 아이에게 책 읽기가 가장 중요하다고 생각했지만 직장에 다니느라 아이의 책 읽기를 도와줄 형편이 못 되었지요. 은우는 그렇게 저와 함께 책 읽기의 세계에 첫발을 내디디었습니다.

　은우는 평소에 아주 차분한 아이였습니다. 무엇을 하든지 급한 구석이 없었습니다. 바른 자세로 앉아 느긋하게 책을 읽었지요. 모르는 낱말이 나오면 학원을 나가기 전에 반드시 물어봤고 3학년이 되어서는 사전을 찾아서 단어장을 만들어 기록하기도 했습니다. 은우는 특별한 아이가 아니었습니다. 한글을 빨리 익힌 것도 아니고 읽은 것을 빠짐없이 기억하는 능력을 갖춘 아이도 아니었습니다. 영재도 천재도 아닌 그저 느린 아이였지요. 은우는 느리게 읽었기 때문에 4학년이 되었을 무렵에도 명작 한 권을 읽는데 두 시간 정도의 시간이 소요 되었습니다. 대신에 내용을 정확하게 기억하는 능력이 조금씩 생겼습니다. 책 뒤편에 나오는 주제나 핵심 내용 정리 부분도 꼼꼼하게 짚어가며 읽고 책을 읽으며 떠올려 보는 질문도 제법 날카로운 것들로 채워졌습니다. 코로나가 한참이었던 두 달을 제외하고 은우는 비가 오나 눈이 오나 일주일에 다섯 번, 매일 밥을 먹듯이 책을 읽었습니다.

심지어 책이 중요하다는 생각으로 독서 학원에 일주일 다섯 번을 오느라 영어 수학 학원도 가지 않았습니다. 영어 학원은 4학년, 수학 학원은 5학년이 되어서야 첫 등록을 했으니 요즘 아이들의 학원 등록 시기에 비하면 훨씬 뒤처진 셈이지요. 은우는 5년이 넘는 시간 동안 다른 것에 휘둘리지 않고 천천히 제대로 읽었습니다. 지금의 은우 어떨까요?

중학생이 되면 대부분 국어 입시 학원에 다니기 마련입니다. 물론 그렇지 않은 경우도 있지만 주말을 이용해 학원에 다니는 경우가 꽤 많이 있습니다. 국어 학원에 다니지 않는 은우를 위해서 하루는 어머니에게 제안했습니다. 시험이 어렵게 나오는 국어 학원에 가서 레벨테스트를 받아보라고 권유한 것입니다. 은우의 실력이 어느 정도 인지 궁금했고 학원에 있는 평가지 외에 다른 곳에서도 객관적인 평가를 받아보고 싶었기 때문입니다. 테스트 결과는 놀라웠습니다. 국어 학원 원장은 20년 넘게 국어 학원을 하면서 많은 아이가 테스트했지만, 은우만큼 빠르고 정확하게 문제를 푸는 아이는 처음이라고 극찬하였습니다. 정말 감동적인 순간이었습니다. 다른 친구들이 빨리 대충 읽어 버리고 다 읽었다고 이야기할 때 느리지만 천천히 읽은 은우가 결국에는 빨리 읽지만 정확하게 읽는 아이가 된 것입니다. 은우는 고등학생이 읽는 고전 소설도 어렵지 않게 읽습니다. 앞서 고전 소설에는 수많은 인물이 등장한다고 했는데 인물들 간의 관계도 잘 파악하고 단어장 만드는 습관으로 기른 어휘력으로 어려운 어휘도 잘 유추해 냅니다. 그리고 무엇보다 책 읽는 순간을 즐기고 있었습니다.

제대로 천천히 읽기를 이렇게나 강조하는 것은 독서 교육에 있어 가장 중요한 핵심 요소이면서 가장 잘 지켜지지 않는 요소이기도 하기 때문입니다. 실제로 독서 현장에서 열이면 여덟 명이 대충 읽고 이해하지 않고 그냥 지나치는 읽기를 하고 있습니다. 사실 독서 교육의 성공 여부는 한 권을 읽어도 제대로 읽는 것에서 시작합니다. 그런데 제대로 읽고 있는지를 파악조차 하지 못하는 경우가 대부분입니다. 아이가 책을 좋아하지만 성적이 좋지 않아 책을 읽는 것이 성적 향상에 도움이 되지 않는다고 단정 지어 버리기도 합니다. 독서보다 가르쳐 주는 학원으로 발길을 돌리게 되지요. 제대로 읽지 않아서 벌어지는 일들을 앞서 설명했습니다. 책에 흥미를 느끼지 못하고 비판적인 사고력, 어휘력, 배경지식 어느 것 하나 건져 올릴 수 없습니다. 중학교 고등학교에 진학하면 성적이 점점 떨어질 수밖에 없습니다.

은우와 같은 경우는 많이 있습니다. 한 명의 사례를 두고 말씀드리는 것이 아닙니다. 아이의 읽기 속도가 너무 느리다고 고민하는 학부모들이 많습니다. 하지만 저는 느린 것은 오히려 좋은 습관이라고 말합니다. 오랜 기간 아이들을 지도해 보면 느리게 정성을 들여서 꼼꼼하게 읽고 정리하는 아이들이 고학년에 가서 두각을 드러내는 경우가 많습니다. 반대로 대충 읽는 아이들은 고학년이 되면 꺼낼 수 있는 무기가 다 떨어지고 맙니다. 비단 읽기뿐만 아니라 노트 정리가 될 수도 있고 주변 정리가 될 수도 있습니다.

아이들은 단점을 지적하기보다 장점을 칭찬하면 단점도 장점으로 바뀐다고 합니다. 느리게 읽는 아이들은 전진하기 위해 지금 열심히 태엽을 감는 중입니다. 앞으로 빠르게 나아갈 준비를 하고 있다고 생각하면 됩니다. 매사에 성실하게 임하는 태도를 많이 칭찬해 주세요. 앞서 말한 천천히 읽기 방법으로 제대로 읽는 습관만 잘 형성이 되면 그때부터 독서가 가지는 효과를 고스란히 받아들일 수 있습니다. 그런데 잘못된 습관으로 계속 책을 읽는다면 효과는 더디게 나타납니다. 아이가 책을 스스로 읽지 않고 시간이 없다는 핑계로 '읽었다 치고' 행해지는 독서 교육은 실패할 확률이 높습니다. 글을 읽는 주체는 아이가 되어야 합니다. 아이의 독서를 대신해 줄 수 있는 사람은 이 세상에 아무도 없습니다. 천천히 돌아서 가는 길이 가장 빠른 길입니다. 이 사실을 아이 스스로 경험할 수 있도록 해야 합니다. 아이에게 책을 읽을 수 있는 절대적인 시간을 선물해 주면 좋겠습니다.

담임 선생님이 수학 실력이 늘었대요

'원장님 안녕하세요. 우리 지유가 요즘 책 읽는 것을 참 좋아해요. 늘 그림책만 읽었었는데 어느 날 글밥이 꽤 있는 책을 들고 와서 잘 읽을 수 있다며 저한테 읽어 주더라고요. 그리고 담임 선생님과 상담했는데 지유가 수학 실력이 늘었다고 칭찬 많이 해주라고 하셨어요. 정말 감사합니다.'

'원장님 유건이가 이번 사고력 시험에서 매우 우수 단계가 나왔어요. 책 읽기 전에는 조금만 문제가 길거나 어려우면 모른다고 울먹거렸는데 이제 혼자서 풀어 보려고 오랫동안 붙잡고 고민을 하나 봐요. 원장님 덕분입니다.'

실제로 학부모에게 받은 문자 내용입니다. 아이들이 책을 제대로 읽기 시작하면서 겪는 변화에는 여러 가지가 있습니다. 국어 성적뿐만 아니라 준수처럼 영어 성적이 오르고 사회, 과학 성적이 오르기도 합니다. 앞서 잠깐 언급했듯이 책을 읽어 읽기 능력을 키우는 것은 단순히 국어를 잘하기 위한 것이 아닙니다. 독서가 답이라고 지겹도록 떠올려야 할 이유 중의 하나는 독서가 아이의 모든 과목 성적을 골고루 향상할 수 있도록 돕기 때문입니다. 그중 수학도 빼놓을 수 없습니다.

　수학에는 숫자만이 나올까요? 너무 어리석은 질문을 했지요. 당연히 수학 과목에도 숫자 이외에 글자가 등장합니다. 수학에도 개념이 있습니다. 수학에서 개념이라는 것은 '정의'와 '정리'입니다. 정의는 수학에서 정한 약속을 쉽게 풀어서 설명하는 것입니다. 예를 들어 '세 변의 길이가 같은 삼각형을 정삼각형이라고 한다.', '원은 평면 위의 일정한 점에서 같은 거리에 있는 점들의 집합이다.', '함수는 두 개의 변수 x, y가 일정한 범위에서 값이 변하는 데 따라서 y의 값이 종속적으로 정해질 때, x에 대하여 y를 이르는 말이다.'와 같은 것들입니다. 정리는 공식과 같은 것들입니다. 아이들이 수학을 공부할 때 이런 정의를 얼마나 중요하게 생각할까요? 다르게 질문하면 이런 정의를 얼마나 제대로 이해하고 있을까요?

　수학 학원에 가면 이와 같은 개념들을 말로 설명해 주고 문제를 풀게 합니다. 그런데 아이들은 단순히 문제를 풀 뿐 근본적으로 수학에서 나오는 많은 개념을 제대로 이해하지 않고 지나칩니다. 시간이 지나면 개념을 잊어버리고 배운 개념인지 아닌지조차 구분하지 못합니다. 초등학교에서는 아주 복잡한 개념은 많이 배우지 않습니다. 하지만 중학교, 고등학교에 가면 알아야 할 개념들도 많고 그 속에 아주 복잡하고 이해하기 어려운 어휘들이 많이 등장합니다. 독서를 통한 읽기 능력을 기르지 않은 아이는 이해력이 부족합니다. 그래서 선생님이 설명해 주는 개념을 이해하지 못합니다. 하물며 말로 풀어서 설명하는 것도 이해하기 어려운데 글로 읽고는 이해할 수 있을까요?

그런데 수학에서 개념을 정확하게 이해하는 것은 아주 중요한 일입니다. 개념을 '이해'하고 나서 '암기'를 해야 하지요. 그 후 개념을 문제에 적용하고 비슷한 유형을 익히고 암기하는 과정을 반복해야 합니다. 이 과정에서 수학 성적이 향상하게 됩니다. 수학에 등장하는 다양한 정의를 이해하고 정리하여 기억하는 것은 수학을 잘하기 위한 정석입니다. 문해력이 없는 아이는 수학의 정석을 놓치고 수학 공부를 하고자 덤벼드는 것과 같습니다.

수학 학원에 가지 않고 집에서 아이가 수학 개념을 읽고 이해하면 어떻게 될까요? 학원에서 선생님에게 설명을 듣고 이해하는 시간이 15분이라면 아이 혼자서 개념서를 읽고 이해하는 데는 1시간이 소요될 수도 있습니다. 하지만 이렇게 터득한 수학의 개념들은 아마 앞으로 수학 공부를 하는 데 있어서 초석이 될 것입니다. 온전히 내 것이기 때문입니다. 그런데 개념을 듣고 혹은 읽고 이해하지 못한다면 어떨까요? 단순히 연산 실력만으로 수학을 학습할 수 있을까요? 불가능합니다. 읽기 능력이 없으면 수학을 이해하는 힘도 부족해진다는 말입니다. 물론 읽기 능력이 뛰어나서 이해력이 좋다고 하더라도 한 문제를 가지고 스스로 해결하려는 수학에서 요구하는 문제 해결력은 반드시 길러야 합니다.

이것은 비단 개념을 읽고 이해하는 것에만 적용되지 않습니다. 요즘 아이들이 배우는 수학 문제를 본 적이 있지요? 단순히 덧셈과 뺄셈, 곱셈과 나눗셈을 하라는 문제가 나오지 않습니다. 각각 초등학교 3학년 1학기, 6학년 2학기 수학 문제집의 문제입니다.

> "혈액형은 일반적으로 A형, B형, O형, AB형으로 나뉩니다. 보통 환자에게 같은 혈액형을 수혈하는 것이 원칙이지만, 위급한 상황에서는 다른 혈액형끼리 오른쪽과 같이 혈액형을 주고받을 수 있습니다. AB형 환자는 모든 혈액형을 수혈받을 수 있지만 O형 환자는 O형에게만 수혈받을 수 있습니다. 다음 표에서 AB형 환자에게 혈액을 학생은 O형 환자에게 혈액을 줄 수 있는 학생보다 몇 명 더 많습니까?(옆에 혈액형별로 혈액을 주고받는 그림이 있습니다.)"
>
> – 『디딤돌 최상위 수학 3–1』
>
> (주)디딤돌 교육, 2022년

"공기는 압력이 높은 고기압에서 압력이 낮은 저기압으로 이동합니다. 청소기는 공기의 압력의 차를 이용한 것으로 청소기의 안쪽 기압을 바깥쪽 기압보다 낮게 만들어 주변의 공기가 청소기 안으로 빨려 들어오면서 먼지도 함께 들어오게 합니다. 지름이 40cm인 원 모양의 로봇 청소기를 작동시켜 한 변이 3cm인 정사각형 모양의 빈방을 청소하려고 합니다. 이 로봇 청소기가 지나갈 수 있는 자리의 넓이는 몇 cm^2입니까?"

－『디딤돌 최상위 수학 6-2』

(주)디딤돌 교육, 2022년

한 문제의 길이도 길뿐더러 이것이 수학인지 아니면 과학인지 헷갈리기까지 합니다. 실제로 이 두 문제는 수학과 과학을 통합한 문제 유형입니다. 아이가 알고 있는 수학 공식을 써먹기도 전에 문제를 읽다가 지치는 현상이 발생합니다. 문제를 읽고 도대체 무엇을 하라는 것인지 알 수가 없으니 문제를 풀지 못하는 것이지요. 독서 경험이 없어 읽기 능력이 부족한 아이는 수학이 어렵게 느껴질 수밖에 없습니다. 하지만 앞서 받은 문자 내용처럼 천천히 끊어 읽기를 통해 문제를 읽고 제대로 이해할 수 있게 된 초등 저학년은 수학에서 두려움을 조금씩 극복할 수 있습니다. 초등 고학년의 경우에는 개념을 스스로 읽고 이해하고 기억하는 학습을 통해 수학 개념을 문제에 잘 적용하였고 사고력 수학 성적이 오를 수 있었습니다.

수학 학습 역시 문제를 풀기 위해 스스로 이해한 개념을 이용해 문제에 적용하고 해결해 나가는 아주 고차원적인 사고의 과정입니다. 논리적인 사고를 해야 한다는 점에서 독서와 쌍둥이처럼 닮았지요. 독서를 통해 길러진 문해력과 사고력은 아이가 수학 학습을 할 때 평생 곁에서 든든한 쌍둥이 형제가 되어줄 것입니다.

학부모님 이것만은 꼭 기억해 주세요.

가장 중요한 것은 진짜 독서, 천천히 읽기

① 10명 중 8명은 책을 가짜로 읽고 있습니다.

② 가짜로 글자의 소리만 읽으면 독서의 효과는 전혀 기대할 수 없습니다.

③ 생각 빠진 빨리 읽는 습관은 한 번 굳어지면 고치기 쉽지 않습니다.

④ 한 권을 읽어도 이해가 되면 넘어가는 천천히 읽기가 진짜 읽기입니다.

⑤ 천천히 읽기의 실천 포인트들을 반드시 실천해 주세요.

3장

읽기보다 어려운 쓰기,
피하지 말고 써야 합니다

쓰기는 아이의 사고력을 키워주는 강력한 수단입니다.

즐거운 쓰기를 통해서 아이의 사고력이 단단하게

뿌리 내리게 도와주세요.

쓰기의 현실, 우리 아이들은

쓰기는 읽기보다 훨씬 더 고차원적인

사고력을 요구합니다. 우리 아이들은 어떨까요?

아이들이 쓰기 문제를 현장의 모습으로 전해드립니다.

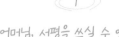

어머님, 서평을 쓰실 수 있나요?

학원에 상담을 오는 학부모에게 독서의 중요성에 관해서 설명하고 나면 쓰기 이야기를 합니다. 앞서 말한 것처럼 정독의 과정은 매우 어렵습니다. 아이들이 스스로 애써서 읽어야 하기 때문입니다. 아이가 제대로 읽고 있는 그 시간, 자체가 가장 중요하다고 강조하지요. 읽기가 '백'만큼 어렵다면 쓰기는 어떨까요? 쓰기는 '만'만큼 어려운 과정입니다.

"어머니, 제가 『레미제라블』을 한 권 드리고 어머니께서 애써서 읽으셨다고 해볼게요. 장발장을 도와주는 사람들과 그를 쫓는 사람들은 누구인지, 장발장이 왜 감옥에 가게 되었는지를 열심히 파악하면서 읽으시겠죠? 감옥에서 나와서 어떤 계기로 새로운 삶을 살게 되었는지, 장발장이 사랑한 사람은 누구인지도 파악하기 위해서 끊임없이 생각하면서 읽으셨어요. 레미제라블을 정독하는 과정에서 어머니의 두뇌, 특히 전두엽이 많은 자극을 받았을 거예요. 어머니께서는 책을 읽기 전보다 생각하는 힘, 사고력이 훨씬 발달했을 겁니다. 그런데 제가 어머니께 종이 한 장을 드리면서 '여기에 레미제라블에 대한 서평을 한 편 써주세요.'라고 말씀 드리면 어떨까요? 어머니께서는 분명히 내용을 제대로 파악하며 애써서 읽었지만, 막상 서평을 쓰려고 하면 참으로 막막하실 거예요. 등장인물도, 줄거리도 잘 알겠는데 어떤 내용으로 시작해야 할지, 주제는 뭐라고 써야 할지 모르겠고 서평이라고 하면 비판적으로 생각해 봐야 하는데 어떤 부분을 비판적으로 적어야 할지도 정리하기가 어려울 수 있어요. 처음 중간 끝에 어떤 내용을 써야 할지, 다 쓰고 나서 주어 서술어 호응이 맞는지, 문장이 길지는 않는지, 글이 통일성이 있는지 머리가 복잡하실 겁니다. 머릿속에 읽은 내용과 단어들은 여기저기 떠다니는데 논리적이고 매끄러운 한 편의 글로 표현하려고 하니 여간 어려운 일이 아니라는 것이지요. 이건 저도 마찬가지입니다."

학부모에게 글쓰기의 어려움과 중요성에 대해 알려주기 위해 상담 때 하는 이야기입니다. 책을 읽고 나서 글을 쓴다는 것이 얼마나 어려운 일 일지 지금 위의 글을 읽고 상상해 보면 알게 됩니다. 글을 정독하는 과정에서 '백'만큼의 머리를 썼다고 하면 글로 표현하는 과정은 '만'만큼의 머리를 써야 한다는 것입니다. 다른 말로 하면 쓰기는 읽기의 백배만큼 사고력이 향상되는 과정이라는 뜻입니다. 다 쓴 글의 결과물이 중요한 것이 아닙니다. 글을 잘 쓰고 못 쓰고는 중요하지 않지요. 글을 쓰는 과정

자체가 중요한 것입니다.

글을 쓰는 행위는 생각 없이는 절대로 불가능한 활동입니다. 깊이 생각하는 습관을 갖지 못하면 글을 쓸 수 없다는 말입니다. 앞서 생각이 빠진 글 읽기, 즉 눈으로만 보는 글 읽기가 가짜 읽기라고 말한 것과 일맥상통하는 이야기입니다. 하나의 문장, 문단, 글을 쓰기 위해서는 끊임없이 생각해야 합니다. 글쓰기는 읽기보다 훨씬 더 복잡한 사고 과정이 필요합니다. 글은 나 혼자만 이해할 수 있게 쓰는 것이 아니라 읽는 사람이 이해할 수 있어야 합니다. 때로는 다른 사람을 글로 설득해야 하기도 하지요. 그러므로 훨씬 더 논리적이어야 합니다. 논리적으로 글을 쓰려면 논리적으로 생각해야 하고 이 과정에서 아이의 사고력은 발달합니다. 앞서 레미제라블의 이야기를 떠올린다면 실제로 내가 글을 쓴다는 것이 얼마나 힘들고 많은 생각을 해야만 가능한 일인지 다시 상기할 수 있을 것입니다.

초등 1학년부터 6학년까지 국어 교과서에는 학년별로 단계별로 단원마다 배우는 글쓰기 있습니다. 1학년부터 6학년까지 학교 국어 시간에 어떤 글쓰기들을 하는지 살펴보겠습니다.

1학년	소리와 모양을 흉내 내기, 문장으로 자세히 표현하기, 상대방의 기분을 알아주는 말 쓰기, 겪은 일 글로 쓰기
2학년	인상 깊었던 일 글로 쓰기, 자세하게 소개하는 글쓰기, 주요 내용 간추리는 글쓰기, 칭찬하는 글쓰기
3학년	인상 깊었던 일 글로 쓰기, 마음을 전하는 글쓰기, 독서감상문 쓰기, 흐름에 따라 글쓰기
4학년	마음을 전하는 글쓰기, 인물의 성격을 바꾸어 글쓰기, 의견이 드러나는 글쓰기, 독서감상문 쓰기
5학년	감상이 드러나는 글쓰기(기행문), 알리고 싶은 인물 소개하는 글쓰기, 주제에 따른 토론하는 글쓰기, 글 요약하기
6학년	논설문 쓰기, 글쓴이에게 편지 쓰기, 자료를 활용하여 글쓰기, 영화 감상문 쓰기

2학기 과정의 일부만 표로 정리해 보았습니다. 초등 1학년 때는 긴 글을 쓰지 않습니다. 그러다 2학년이 되면 자세하게 소개하기와 같이 한 문단 이상의 글을 써야 합니다. 학년이 올라갈수록 단순히 마음을 표현하는 글에서 논리적이고 복잡한 글을 써야 한다는 사실도 알 수 있습니다. 또한 학년별로 아주 다양한 글쓰기를 경험하게 됩니다. 중학교에 가서 바로 수행평가를 해야 하는 아이들에게 모두 필요한 과정입니다.

학교 시험에서 객관식 못지않게 주관식이 중요해진 것은 어제오늘의 일이 아닙니다. 객관식을 아무리 잘 맞히더라도 서술형 문제에서 감점받으면 전체 점수에 영향을 받을 수밖에 없습니다. 중학교에 가면 어떨까요? 학기마다 국어 시간에 배우는 단원의 성취 목표로 수행평가를 하게 됩니다. 수행평가의 종류는 다양합니다. 소설을 읽고 서평을 쓸 수도 있고 시조를 배우고 시조를 직접 지어 보기도 합니다. 독서감상문을 쓰기도 하지요. 수행평가는 많은 조건을 주고 그 조건에 맞추어 글을 써야 하므로 아주 까다롭습니다. 중간, 기말고사에서도 서술형 문제에서 주어진 조건을 만족하지 않으면 여지없이 감점이 주어집니다. 고등학교에 진학하게 되면 고등 3년 동안의 수행평가를 포함한 내신 점수가 대입의 토대가 됩니다. 고등학교 시절의 글쓰기가 그 어느 때보다도 중요하다는 것에는 이견이 없을 것입니다.

사회에 나가서는 어떨까요? 사회에 나가서도 마찬가지입니다. 우리는 SNS나 블로그, 유튜브에서 자신을 광고하는 시대에 살고 있습니다. 저마다 목적을 가지고 대중들에게 자신을 표현해야 합니다. 혹은 상품을 설명해야 하기도 하지요. 그런데 아무런 논리도 없이 목적에 맞지도 않는 글로 사람들을 설득할 수 있을까요?

글쓰기는 더 이상 작가가 되기 위한 작업이 아니라 일상생활을 하기 위한 필수가 되어버렸습니다. 평가를 위해서든, 자신의 PR을 위해서든, 또는 소통을 위해서든 우리는 그 어느 때보다도 자기 생각을 논리적으로 잘 표현해야 하는 시대에 살고 있는 것입니다.

초등 교육 과정에서 각 학년에서 써야 할 글쓰기 목표는 정해져 있지만 우리 아이들은 성취 기준을 얼마나 만족하고 있을까요? 안타깝게도 기대하는 수준에 못 미치는 경우가 대부분입니다.

이유는 무엇일까요? 이유는 명백합니다. 첫째, 많이 읽지 않아 읽기 능력이 부족하기 때문입니다. 읽기 능력과 쓰기 능력은 연결되어 있습니다. 뒤에서 다루겠지만 잘 읽지 못하는 아이가 논리적으로 잘 쓰지 못하는 것은 당연한 이야기입니다. 물론 잘 읽는 아이라고 무조건 잘 쓰는 것은 절대로 아닙니다. 여기에 두 번째 이유가 있습니다.

둘째, 많이 써보지 않았기 때문입니다. 글쓰기도 읽기와 마찬가지로 연습해야 잘할 수 있는 영역입니다. 저절로 글쓰기 능력이 만들어지지 않는다는 말입니다. 독서를 많이 하여 읽기 능력이 높으면 글을 쓰는 데 도움이 되는 것은 부정할 수 없는 사실입니다. 하지만 '읽기 능력 = 쓰기 능력'과 같은 식이 성립하는 것은 아니지요. 실제로 읽어야 읽기 능력이 쌓이듯이 실제로 써야 글쓰기 능력이 쌓입니다. 하지만 안타깝게도 우리 아이들은 많이 쓸 기회가 없습니다. 영어 수학 학원에 다니기도 바쁘기 때문입니다. 남은 시간은 어떨까요? 과제를 하기에 여념이 없습니다. 책을 읽을 시간도 없는데 쓰기를 할 시간은 더욱 부족한 것이 현실입니다. 고학년으로 갈수록 글쓰기가 중요한데 우선순위에서는 밀리는 모순이 발생합니다. 어디선가 많이 보던 모습이지요. 읽기와 마찬가지 현상입니다.

계속 강조하고 있지만 읽어야 합니다. 스스로 읽는 절대적인 시간이 필요합니다. 아이가 공부를 잘했으면 하는 마음으로 영어 수학 학원에 보내는데 읽기 능력이 낮으면 헛수고라고 강조했습니다. 읽기 능력을 기르면서 함께 쓰기를 하면 학습 능력을 배로 올려줍니다. 허황한 이야기가 아닙니다. 실제 교육 현장에서 뼈저리게 느끼고 있는 사실입니다. 결론은 제대로 읽으면서 글로 정리하고 표현해야 한다는 것입니다. '시간이 남으면'이 아니라 '시간을 내어서'가 되어야 합니다. 우선순위를 읽기와 쓰기에 두어야 한다는 말입니다.

아이가 골고루 제대로 읽고, 정리하여 쓰고 생각을 글로 표현했을 뿐인데 전반적인 교과 성적이 모두 높아지는 것은 마법이 아니라 당연한 결과이고 이미 증명된 사실입니다. 부모는 아이의 학습 능력을 올리는 것을 목적으로 책을 읽고 독후 활동을 시킨 것이 아님에도 불구하고 아이는 저절로 공부 잘하는 아이가 되는 것이지요. 아이가 제대로 읽고 있나요? 혹은 읽으려고 노력하고 있나요? 그렇다면 쓸 수 있도록 도와주면 됩니다. 책을 읽지 않고도 쓸 수 있는 글도 있습니다. 앞으로 아이의 쓰기를 도와줄 다양한 글쓰기를 안내하겠습니다. 아이의 사고력이 배로 올라간다면 시작하지 않을 이유가 없습니다.

2

도서관을 삼킨 아이, 읽기만 하고 쓰고 싶지는 않아요

초등학교 1학년 1학기에 승윤이를 처음 만났습니다. 승윤이는 남달랐습니다. 학원에 들어오자마자 저는 본체만체하고 책장으로 달려갔지요. 그렇게 책을 읽기 시작한 승윤이는 저와 어머니가 상담을 진행하는 1시간 30분을 내리 책만 봤습니다. 가만 보니 읽고 있는 책의 수준도 꽤 높았습니다. 이제 입학한 지 얼마 되지 않은 여덟 살 아이가 한 시간 반 동안 꼼짝하지 않고 책만 보는 모습이 너무 신기하여 어머니에게 물어보았습니다. 승윤이는 책을 아주 많이 읽어 준 어머니 덕분에 한글을 빨리 익혔고 호기심도 아주 많아서 스스로 책을 많이 읽는 아이였습니다. 5세쯤 책 읽기를 스스로 했다고 하니 이미 3년 동안 책을 읽은 셈이었지요.

학원에 다니면서 승윤이는 놀라운 모습을 보였습니다. 저와의 60분 수업이 끝나가면 보통의 아이들은 빨리 집으로 갈 준비를 합니다. 그런데 승윤이는 도통 집으로 갈 생각이 없었습니다. 책을 더 읽고 싶어서 학원에 머물러 있었지요. 그런데 그 시간이 자그마치 3시간이 넘었습니다. 여기서 끝이 아니었습니다. 그렇게 학원을 나서면 승윤이는 바로 길 건너 도서관으로 달려갔습니다. 도서관에서 또 3시간 동안 책을 읽으면 그제야 집으로 갔지요. 그야말로 닥치는 대로, 아니 닥치기를 자처해서 읽고 또 읽는 아이였습니다.

아이의 읽기 능력은 어땠을까요? 승윤이는 스스로 책이 너무 좋아서 읽는 아이였기 때문에 책을 제대로 읽는 아이였습니다. 이야기책뿐만 아니라 사회, 과학, 한국사, 세계사, 자연 관찰, 예술, 음악 등 영역을 가리지 않고 정독했습니다. 제대로 다양하게 읽으니 읽기 능력은 매우 높을 수밖에 없었습니다. 배경지식은 어떨까요? 승윤이는 학원에 오면 학원에서 구독하는 어린이 동아일보를 늘 챙겨보는 아이였습니다. 오자마자 가장 먼저 읽는 것이 신문이었지요. 책과 신문에서 얻어 낸 것으로 만든 배경지식이 어마어마하겠지요? 여기까지의 승윤이는 너무나 완벽합니다. 그런데 승윤이는 표현에 서툰 아이였습니다. 그것은 학원에서만의 문제가 아니고 학교나 집에서도 마찬가지였습니다. 아는 지식은 많고 읽기 능력은 아주 높았지만 다른 사람과 소통하는 것은 조금 힘든 아이였지요. 승윤이게 책을 읽고 나서 독후 활동으로 생각 쓰기를 시키는 것은 하늘의 별 따기였습니다. 저와 선생님들의 하루 목표가 승윤이의 목소리 듣기와 한 줄이라도 쓸 수 있도록 도와주기였을 정도였지요.

글을 읽고 독후 활동을 하는 것은 책의 내용을 단기 기억으로 끝내지 않고 장기 기억으로 머물 수 있도록 도와주는 장점이 있습니다. 사람은 글을 읽은 후 한 시간이 지나면 절반 이상을 잊어버린다고 합니다. 책을 읽고 책에 관한 이야기를 나누거나 글을 쓰면 책의 내용을 더 오래 기억할 수 있습니다. 독후 활동의 방법이나 종류도 참 다양합니다. 독서 기록장, 독서 통장 등 독서 이력을 기록으로 남기기도 하고 독서감상문과 같은 글을 쓰거나 독서 골든벨과 같은 퀴즈를 풀기도 합니다. 저학년은 그림을 그리기도 하고 만들기를 할 수도 있습니다. 글을 쓸 때도 등장인물에게 편지쓰기, 신문 기사 만들기, 기억에 남는 장면과 생각 쓰기 등 그 종류는 수십 가지가 넘습니다. 부모도 이런 독후 활동들의 효과를 알고 있기에 책 읽기에서 그치지 않고 읽기 후 활동을 해보려고 합니다. 그런데 승윤이처럼 읽기만 하고 쓰지 않으려고 하는 아이에게 독후 활동은 어떤 의미일까요?

독후 활동 중 특히 쓰기를 싫어하는 아이들에는 몇 가지 유형이 있습니다. 그중 승윤이처럼 써보지 않아서 못 쓰는 유형이 있습니다. 안 써봐서 익숙하지 않은 것입니다. 써보지 않았으니 잘할 수 있을지 자신이 없습니다. 자신이 없으면 피하게 됩니다. 쓰는 방법도 잘 모릅니다. 쓰는 방법을 모르니 어렵게만 느껴집니다. 대부분 아이가 여기에 해당합니다. 이런 경우에는 글쓰기를 꾸준히 하면서 스스로 일어나는 변화에 내적 동기를 부여할 수 있습니다. 여러 번의 글쓰기를 통해서 글쓰기가 어렵다는 인식을 스스로 바꿀 수 있습니다.

또 다른 유형으로는 연필을 잡고 무언가를 쓰는 것 자체를 귀찮아하는 유형입니다. 이런 아이들은 글쓰기뿐만 아니라 단순 연산이나 짧은 메모도 하기 싫어합니다. 눈으로만 학습하려고 하는 경우지요. 대부분 글자도 바르지 않고 대충 쓰려고 합니다. 이런 경우에는 차분하게 한 글자씩 적을 수 있도록 어릴 때부터 습관을 바로 잡아 주는 것이 중요합니다. 글자를 천천히 바르게 써야 고학년이 되어서도 스스로 학습 내용을 정리하는 데 도움이 됩니다.

또는 쓰기를 했는데 칭찬보다는 지적을 많이 받은 경우도 있습니다. 아이가 글을 써왔을 때 글의 맞춤법이나 띄어쓰기를 지적받으면 다음부터는 글쓰기가 두려워집니다. 이런 일이 반복되면 아이는 글쓰기와 점점 멀어질 수밖에 없습니다.

마지막으로 내용을 정리하여 쓰는 것에는 어려움이 없는데 감정을 쓰는 것을 유독 힘들어하는 유형입니다. 일기 쓰기와 편지쓰기처럼 나의 감정을 솔직하게 쓰거나 다른 사람에게 마음을 표현해야 하는 글에 유독 약한 경우입니다. 아직 살아온 날이 길지 않기 때문에 어른에 비해 다양한 감정을 느끼지 못했을 가능성이 큽니다. 감정을 표현하는 어휘가 부족할 수도 있겠지요. 무엇이 되었든 당연하다고 받아들이고 다양한 감정이 많이 있다고 알려주면 됩니다. 쓰기를 싫어하는 아이들은 이 중 한 가지, 혹은 몇 가지 유형이 복합적으로 얽혀 쓰는 것을 멀리하게 됩니다.

올바른 독후 활동을 하려면 어떻게 해야 할까요? 아이들은 독후 활동할 때 글을 잘 읽었는지 읽은 책에 대해 평가 받는다는 느낌을 받을 수 있습니다. 시험을 치르는 듯한 인상을 주면 안 되겠지요. 무엇보다 독후 활동이 즐거운 활동이 되어야 합니다. 글쓰기 능력을 향상하는 방법은 글을 많이 써보는 것이지만 독후 활동을 위한 글 읽기가 되어서는 안 됩니다. 글은 제대로 읽고 읽은 내용으로 재미있게 활동을 할 수 있어야 합니다. 처음에도 언급했듯이 글을 잘 쓰고 못 쓰고는 중요한 사실이 아닙니다. 아이가 글을 쓰기 위해 끊임없이 생각하는 과정 자체가 아이의 두뇌를 발달시키는 과정이라고 했습니다. 많이 쓸 수 있도록 도와주되 결과를 두고 아이를 지적해서도 안 됩니다. 아이의 나이에 맞게 또는 아이의 읽기 능력과 쓰기 능력에 맞게 알맞은 독후 활동을 할 수 있도록 도와주어야 합니다.

승윤이에게 저와 선생님들은 쓰기를 강요하지 않았습니다. 승윤이가 스스로 쓰고 싶다고 생각할 때까지 기다려 주었지요. 1년 가까이 책만 읽고 가는 날이 계속되었습니다. 물론 쓸 수 있는 활동지는 날마다 소개해 주었습니다. 주로 이야기를 많이 하려고 노력했습니다.

"승윤아, 오늘 읽은 책에서는 어떤 등장인물이 마음에 들어? 마음에 드는 등장인물 한 명을 골라서 그 아이와 함께 생활한다면 어떤 점이 좋을 것 같아? 마음에 드는 친구를 한 명 골라서 여기에 한두 줄만 적어 볼까? 여기 줄은 끝까지 채우지 않아도 괜찮아."

이날 승윤이는 한 문단 분량의 글을 써왔습니다. 3학년이 되었던 어느 날이었습니다. 승윤이의 글을 보고 얼마나 칭찬했던지 기쁜 마음으로 승윤이 어머니에게 전화했던 기억이 아직도 생생합니다.

쓰기를 시작하면서 승윤이의 어깨에는 날개가 달렸습니다. 제대로 많이 읽은 승윤이가 쓰기 위해 끊임없이 생각하는 시간이 보태지면서 비판적인 사고력이 더욱 향상되었고 무엇보다 논리적인 글쓰기에서 두각을 보였습니다. 워낙 다양한 책을 읽었기 때문에 지식 도서로 쌓은 배경지식도 많았고 특히 논리적인 글을 많이 읽은 것이 도움이 되었습니다. 무엇보다 자신의 감정을 말로 표현하는 것에 어려움을 느꼈던 승윤이가 글로 마음을 표현하면서 감정을 나타내는 법도 스스로 배울 수 있었습니다. 곧 중학생이 되는 승윤이는 영재원에서 줄곧 배움을 이어 가고 있습니다. 교내 경연대회에서 운문, 산문 부문 골고루 수상하고 그날 써야 할 분량을 즐거운 마음으로 쓰고 가는 아이가 되었습니다.

글쓰기의 성과는 바로 확인할 수 있는 것이 아닙니다. 독서와 마찬가지입니다. 그만큼 오랫동안 꾸준히 해야 하고 꾸준히 할 수 있도록 믿고 칭찬하며 격려해 주는 것이 중요합니다. 쓰기가 쉬운 사람이 얼마나 있을까요? 어른도 힘든 일입니다. 그렇기 때문에 쓰기가 즐거워야 합니다. 즐거운 쓰기는 지속 가능합니다. 쓰기가 쉬워지려면 어떻게 해야 할까요? 많이 써보아야 합니다. 완벽한 글쓰기는 없습니다. 하지만 쓸수록 잘 써진다는 것은 스스로 느낄 수 있습니다. 아이들의 글쓰기를 지도해 보면 알 수 있습니다. 많이 써보는 아이의 글이 얼마나 많이 좋아지는지. 아이가 행복하게 글 쓸 수 있도록, 그 행복한 글쓰기가 아이의 사고력과 학습 능력을 향상하도록 하여 서로 좋은 영향력을 계속해서 뿜어낼 수 있어야 합니다. 아이를 칭찬해 주세요. 한 문장을 써와도 칭찬하고 한 단어를 써와도 칭찬해야 합니다. 아이가 스스로 쓸 마음이 생길 수 있도록 말이죠.

편지는 기가 막히게 잘 써요

세영이는 초등학교 4학년입니다. 첫 상담을 할 당시에 세영이가 다니는 초등학교에서는 가을을 맞이하여 글쓰기 대회를 열었습니다. 매년 시기와 이름은 조금씩 다르지만 아이들이 학교 교육 활동을 통해 학습한 내용을 바탕으로 다양한 기량을 발휘할 수 있도록 대회를 여는 초등학교가 많습니다. 세영이의 학교에서도 글쓰기와 그림그리기 부문으로 나누어 대회를 열었습니다. 어머니는 세영이가 운문 부문에 참가했고 며칠 후에 결과가 나오는데 기대가 크다고 하였습니다. 어릴 때부터 엄마 아빠에게 써준 편지를 읽으면 혼자 보기에 너무 아까운 마음이 들 정도로 세영이의 글 쓰는 솜씨가 좋다고 하였지요. 저도 아들들에게 편지를 많이 받아봤기 때문에 어머니의 마음에 백 번 공감할 수 있었습니다. 사랑하는 자녀가 써 준 편지가 얼마나 사랑스럽고 예쁠까요. 보고 또 봐도 질리지 않습니다.

편지는 다른 사람에게 자신의 마음을 전달하는 글쓰기입니다. 초등학교 3학년 1학기에 등장하는 갈래이지요. 전달해야 할 마음에는 여러 종류가 있습니다. 감사하는 마음, 미안한 마음, 서운한 마음, 화가 났던 마음, 보고 싶은 마음 등 자신이 전하고 싶은 마음을 일정한 편지의 형식에 맞추어 상대방의 마음을 고려하여서 쓰면 됩니다. 편지쓰기는 어릴 때 엄마 아빠에게 써봤던 경험 때문에 비교적 쓰기가 쉽습니다. 마음을 전하고 싶은 상대가 우리 주변의 사람들이라면 굳이 어려운 어휘를 써서 마음을 전달할 이유도 없습니다. 일상에서 사용하는 어휘들로 충분히 마음을 표현할 수 있습니다. 이런 이유로 주변의 사람들에게 감사나 위로, 보고 싶은 마음 등을 전하는 글을 3학년 교과서에 싣고 있는 것입니다.

세영이는 평소에 엄마 아빠에게 감사의 마음을 전하기 위해 편지를 많이 쓰는 기특한 딸이었습니다. 친구들에게도 편지로 마음을 잘 전달하는 소통 잘하는 아이였지요. 학년에 맞게 편지쓰기 실력은 나무랄 데가 없었습니다. 그래서 어머니께서 세영이의 글솜씨가 좋다고 생각하는 것도 어찌 보면 당연한 일일 것입니다. 하지만 세영이는 4학년이지만 편지가 아닌 글은 잘 쓰지 못했습니다. 특히 학원에서 신문을 읽고 신문에서 다루고 있는 문제에 대해 타당한 근거를 들어 자신의 의견을 써보는 활동은 매우 어려워했습니다. 실제로 쓴 글을 읽어 보면 근거가 없거나 신문의 내용을 제대로 이해하지 못하고 글을 쓰는 경우가 많았지요. 사용하는 어휘 역시 많이 부족했습니다.

세영이가 학원을 등록한 시기는 4학년 2학기 가을이었습니다. 이맘 때쯤 학교에서는 '의견을 드러내는 글쓰기'를 배우기 시작합니다. 하지만 많은 4학년 아이들은 세영이와 같이 의견이 드러나는 글을 쓰는 것에 어려움을 느낍니다. 세영이가 편지는 잘 쓰지만 의견을 전달하는 글은 잘 쓰지 못하는 이유는 무엇일까요?

의견이 드러나는 글은 문제 상황에 대한 자신의 주장을 알맞은 근거를 들어 다른 사람을 설득하는 글을 말합니다. 의견이 드러나는 글을 쓰기 위해서는 어떤 능력이 필요할까요? 논리적인 사고를 할 수 있는 능력이 필요합니다. 논리적인 사고를 하려면 어떻게 해야 할까요? 논리적인 글을 많이 읽어야 합니다. 그렇다면 논리적인 글이란 어떤 글을 말할까요?

우리 아이들이 고학년이 되면서 접해야 하는 비문학의 갈래 중 설명문과 논설문을 예로 들어보겠습니다. 설명문은 어떤 사물이나 사실, 현상, 지식 등에 대한 정보를 읽는 이가 알기 쉽게 풀어 쓴 객관적인 글입니다. 글쓴이는 설명하고자 하는 대상을 알기 쉽게 쓰기 위하여 다양한 내용 전개 방법을 사용하여 객관적인 정보만을 정확하고 명확하게 전달하며 글을 전개합니다. 사실을 간단하고 명료하게 표현해야 읽는 사람이 쉽게 이해할 수 있습니다.

논설문은 글쓴이의 의견이나 주장을 타당한 근거를 들어 논리적으로 전개함으로써 읽는 이를 설득하려는 글입니다. 글쓴이는 의견이나 주장을 뚜렷하게 나타내야 하고 글의 논리를 일정한 체계에 따라 짜임새 있게 전개할 수 있어야 합니다. 또 주장을 뒷받침하는 근거가 타당해야 하지요. 이와 같은 글이 바로 논리적인 글입니다. 논리적으로 조금이라도 어긋난 부분이 있어서는 안 됩니다. 아이들은 이런 글들을 어디에서 접할까요? 우리 아이들이 배우고 읽어서 이해해야 하는 국어, 사회, 과학, 수학, 영어 이 모든 과목이 논리적인 비문학의 글로 이루어져 있습니다. 아주 가까이 학교에서 배우는 교과서가 가장 대표적인 논리적인 글입니다.

안타깝지만 세영이가 지금까지 집에서 읽은 책들은 대부분 재미있는 창작이었습니다. 재미있는 창작 소설이 나쁘다는 것이 아니지요? 이야기책의 긍정적인 영향은 이미 앞에서 언급했습니다. 다만 4학년이 되면 이야기책의 흥미를 비문학적인 책으로 옮겨 갈 수 있도록 해야 한다고 말했습니다. 하지만 아이들이 읽는 대부분의 책은 학습 만화이거나 흥미 위주의 창작입니다. 문제는 여기에서 머무는 경우가 많다는 것입니다. 아이들이 자기 학년의 교과서를 읽으려면 문학이 아닌 비문학의 글도 제대로 읽을 수 있어야 합니다. 또는 순서를 바꾸어서 교과서를 제대로 읽어서 논리적인 사고력을 키워도 됩니다.

학교에서 학년마다 교과서에서 학습해야 할 글쓰기 목표를 정해놓은 데는 이유가 있습니다. 각자 학년마다 쓸 수 있다고 요구되는 역량이 다르기 때문입니다. 각 학년의 자기 교과서를 제대로 읽는다면 각 학년이 요구하는 글도 쓸 수 있다는 전제하에 교과서는 구성됩니다. 논리적인 글을 잘 읽으면 논리적인 글도 잘 쓸 수 있다는 계산이지요.

편지쓰기를 잘하는 세영이를 가만히 두면 논설문을 잘 쓸 수 있을까요? 같은 5학년이면 설명문을 잘 쓰고 같은 6학년이면 논설문을 잘 쓸까요? 중학생이 되기만 하면 아이의 없던 글쓰기 능력이 갑자기 생길까요? 학년이 올라간다고 덩달아 학년에서 요구하는 글쓰기 능력이 저절로 생기지는 않습니다. 4학년이지만 논설문을 잘 쓰는 아이도 있고 6학년이지만 편지쓰기를 잘 못하는 아이가 있다는 사실을 인정해야 합니다.

세영이가 잘못됐다고 얘기하는 것이 아닙니다. 학년에 맞지 않는 어렵고 긴 글을 쓰라는 것이 아니지요. 1학년에게 논설문을 쓰라고 하는 것은 마치 이제 덧셈과 뺄셈을 배운 아이에게 인수분해를 하라는 것과 같은 것입니다. 이야기책을 좋아하면 그것을 시작으로 다양한 영역의 책으로 흥미를 끌어 주듯이 각자 학년에서 요구하는 글을 쓸 수 있도록 연습을 통해서 능력을 쌓아야 합니다. 아이가 고학년이 되면 그 학년에서 쓰도록 요구하는 글을 쓰게끔 도와주어야 한다는 말입니다. 편지쓰기를 잘하는 아이라면 충분히 논리적인 글도 잘 쓸 수 있는 역량을 만들 수 있습니다. 논리적인 글을 써보지 않은 아이가 나이를 먹고 학년이 올라간다고 저절로 글을 잘 쓸 수는 없습니다. 즉 연습, 그것도 꾸준한 지속적인 연습이 필요하다는 말이지요. 전제 조건은 역시 제대로 읽고 나서입니다.

이제 세영이가 편지 이외의 글은 잘 쓰지 못하는 이유가 분명해졌습니다. 첫째, 논리적인 글을 제대로 많이 읽어 보지 못했기 때문입니다. 둘째, 편지나 일기 이외의 글은 많이 써본 경험이 없다는 것입니다. 세영이뿐만 아니라 대부분 아이가 그렇습니다. 이제 원인을 알았다면 원인을 제거하면 됩니다. 많이 읽고 많이 써보면 되는 것이지요. 늘 강조하지만 안 해봐서 못 하고 못 하면 두렵고 두려우면 피하기 마련입니다. 피하면 그 분야는 점점 더 못하게 됩니다. 악순환입니다. 아이의 읽기와 쓰기 능력에 맞게 저학년, 편지만 잘 쓰는 아이에서 고학년, 다양한 글을 많이 써보는 아이로 만들기 위해서 즐거운 글쓰기를 지속해서 경험할 수 있도록 해야 합니다. 학년이 올라가면서 교과서에서 요구하는 성취 목표를 달성하기 위해서 논리적인 글을 많이 읽고 논리적인 글을 많이 쓴다면 어떻게 될까요? 우리 아이 몸이 학년에 맞게 자라는 만큼 생각도 쑥쑥 자라게 될 것입니다. 몸보다 훌쩍 더 자라날 생각을 위해 오늘도 오롯이 읽고 쓰는 시간을 보장해 주기를 바랍니다.

쓰고 나면 끝! 다시 읽어 보지 않는 아이들

학원을 운영하다 보면 문자로 학부모에게 단체 공지 사항을 전달해야 하는 경우가 많습니다. 긴 글은 아니지만 전달 사항을 군더더기 없이 정확하게 전달하기 위해서 노력합니다. 공지 사항을 다 작성하고 나면 그다음 과정은 무엇일까요? 바로 읽어 보기입니다. 방금 작성한 글이 자연스러운지 틀린 글자는 없는지 반드시 읽어 보아야 합니다. 고심하며 쓴 글을 다시 읽어 보면 어떨까요? 만족스러울까요? 전혀 아닙니다. 분명히 쓸 때는 신경 써서 썼건만 다시 읽어 보면 고칠 부분이 한두 군데가 아닙니다. 여기서 해야 하는 중요한 과정이 바로 고쳐쓰기입니다. 열심히 고쳐쓰기를 하고 시간이 늦어 전송하지 않고 아침에 일어나 전달 사항을 다시 읽어 봅니다. 이번에는 어떨까요? 놀랍게도 역시나 고칠 부분이 보입니다. 또 고쳐쓰기를 반복합니다.

베스트셀러 작가는 어떨까요? 유명한 작가도 처음 쓴 글을 그대로 출판하는 경우는 없습니다. 글을 아무리 잘 쓰는 사람이라고 해도 몇 번의 고쳐쓰기 과정을 거칩니다. 글을 고쳐 쓰려면 어떻게 해야 할까요? 당연히 내가 쓴 글을 읽어 보아야 합니다. 읽어 보지 않으면 고쳐 쓸 수 없는 것은 당연한 일입니다. 그런데 우리 아이들은 어떨까요? 놀랍게도 자기가 쓴 글을 읽어 보는 아이는 아무도 없습니다. 글을 쓰고 나면 끝이지요. 왜 아이들은 자기가 쓴 글을 읽어 보지 않을까요?

5학년 혜림이는 독서감상문 대회에 참가하게 되었습니다. '참가하였다.'가 아니라 '참가하게 되었다.'라고 표현한 이유는 무엇일까요? 혜림이의 의지가 아니라 어머니의 바람으로 대회에 참가했기 때문입니다. 어머니는 독서감상문 대회를 위해서 학원에서 감상문 잘 쓰는 법을 집중적으로 지도해 달라고 부탁했습니다. 평소에도 학원에서 독서감상문을 많이 쓰지만 조금 더 시간을 할애해 지도했습니다. 혜림이가 연습으로 써온 감상문은 보통의 아이들이 그렇듯이 고칠 부분이 꽤 많았습니다. 줄거리가 너무 많았고 생각과 느낌 부분이 부족했습니다. 또 주어와 서술어가 호응을 이루지 못해 매끄럽지 않은 문장이 여러 개 있었고 무슨 말이 하고 싶은지 의도를 파악하기 어려운 문장도 있었지요. 혜림이에게 물어보았습니다.

"혜림아, 다 쓰고 니가 쓴 글 읽어봤어?"

"아니요."

이 질문은 혜림이에게만 하는 질문이 아닙니다. 글을 써오는 모든 아이에게 하는 질문입니다. 아이들은 백이면 백 혜림이와 같은 대답을 합니다. 혜림이가 자기가 쓴 글을 읽어 보지 않은 이유는 스스로 쓰고 싶어서 쓴 글이 아니기 때문입니다. 앞서 말했듯이 어머니가 대회에 나가자고 해서 글을 쓴 것이지요.

작가 지망생이 글을 쓴다고 가정해 보겠습니다. 작가 지망생은 작가가 되고자 글을 씁니다. 출간이라는 목적이 있기 때문에 글을 잘 쓰고 싶어 합니다. 너무나 당연한 이야기입니다. 글을 잘 써야 하니 스스로 쓴 글을 끊임없이 읽어 봅니다. 제가 학부모에게 단체 문자를 보낼 때도 마찬가지입니다. 문자를 읽는 대상이 내용을 정확하게 파악할 수 있도록 하는 것이 저의 목적입니다. 목적이 있으면 자기가 쓴 글을 읽어 보기 마련입니다. 혜림이는 어떨까요? 글을 잘 쓰고 싶은 마음이 별로 없습니다. 단지 글을 다 쓰면 밀린 숙제를 끝내듯이 그걸로 끝이지요. 읽어 볼 이유가 없습니다. 앞서 제가 군이 '하다'와 '~게 되다'를 설명한 이유이기도 합니다.

책을 정독하면 내용을 이해하느라 생각을 끊임없이 해야 하고 그 과정에서 아이의 사고력이 발달한다고 했습니다. 그래서 '읽었다 치고'가 아니라 진짜 읽는 것이 가장 중요하다고 했고요. 쓰는 것 역시 결과물이 중요한 것이 아니라고 했습니다. 쓰는 과정 자체가 두뇌 계발 과정입니다. 글을 쓸 때 우리의 뇌는 어떤 생각들을 해야 할까요? 그 과정을 알아보면 다음과 같습니다.

글은 단순히 단어를 나열하는 것이 아닙니다. 단어의 의미를 이해하고 자신의 생각을 표현하기에 가장 알맞은 단어를 선택하기 위해 고심해야 합니다. 단어를 선택하면 단어들을 연결하여 문장을 만들어야 합니다. 문장을 만들기 위해서는 단어와 단어를 어떻게 연결하여 하나의 문장으로 완성해야 할지 또 고민해야 합니다. 이렇게 쓴 문장들이 모여 하나의 문단을 완성할 수 있습니다. 문장과 문장이 만나는 과정에서 논리적으로 어긋나는 부분은 없는지 파악해야 합니다. 문단은 하나의 소주제로 연결되어야 하므로 통일성을 해치지 않도록 문장을 구성해야 합니다. 하나의 문단을 쓰고 나면 다음 문단을 쓸 때 문단 간 관계를 고려하여야 합니다. 또한 글이 전달하고자 하는 주제에 맞게 쓰고 있는지 점검하면서 써야 하지요. 이 과정에서 정리되지 않았던 생각들이 명확해지기도 하고 글의 내용을 마련하기 위한 자료 수집을 통해 몰랐던 새로운 지식도 얻게 됩니다. 글을 쓰는 동안 우리의 뇌는 잠시도 쉴 틈이 없습니다. 쓰기는 뇌를 발달시키는 아주 좋은 활동임이 틀림없지요. 그런데 이런 읽기와 쓰기의 효과를 동시에 볼 수 있는 것이 바로 '고쳐쓰기'입니다. 고쳐쓰기는 방금 나열한 과정들을 아주 정교하게 다시 확인하는 과정이기 때문입니다. 게다가 읽으면서 해야 하지요. '일석이조, 일거양득, 일전쌍조'입니다.

글을 고쳐 쓴다는 것은 주제, 목적, 독자에 맞게 썼는지, 문단의 흐름은 적절한지, 어색한 표현은 없는지 살펴보고 고치는 일입니다. 내가 쓴 글을 계속해서 읽어 보고 고쳐 쓰는 것은 글쓰기 실력이 향상되는 방법 중 가장 좋은 방법이라고 해도 과언이 아닙니다.

그런데 아무리 좋다 한들 아이가 고쳐쓰기를 실천하지 않는다면 무슨 소용이 있을까요? 아이가 스스로 읽고 고쳐 써 봐야지 하는 생각이 들지 않으면 아무리 효과 좋은 고쳐쓰기도 소용이 없습니다. 초반에도 말했듯이 글쓰기도 훈련이 필요합니다. 쓰는 것이 지금 당장 너무나 즐겁지 않더라도 두려움이 생기지 않도록 훈련해야 합니다. 아이가 쓰고 싶고 다 쓰고 나면 읽어 보고 고쳐 쓰고 싶게 만들어야 합니다. 어떻게 하면 아이가 고쳐쓰기의 습관을 지닐 수 있을까요?

아이가 한 줄을 써오더라도 칭찬을 아끼지 않아야 합니다. 영혼 없는 칭찬이 아니라, 온 영혼을 쏟아부어 칭찬해야 합니다. 신기하게도 아이들이 써온 독서감상문의 특정 부분을 크게 칭찬하면 자리로 돌아가 한 번 더 읽어 보는 경우가 많습니다. 잘 썼다고 칭찬받은 글은 스스로 다시 읽어 보고 싶은 마음을 불러일으킵니다. 먼저 어려운 글쓰기를 했다는 자체를 칭찬해 주고 글에 나타난 아이의 감정에 공감해 주면 좋습니다. 맞춤법이나 띄어쓰기를 지적하는 것은 처음에는 하지 않는 게 좋습니다. 그리고 함께 써온 문장을 소리 내어 읽어 보는 것이 좋습니다. 건성으로 읽지 않고 쓴 글을 다시 천천히 이해하면서 읽을 수 있도록 도와주면 됩니다. 이 과정을 반복하다 보면 글을 쓰고 나서 읽어봐야 한다는 것을 자연스럽게 체득하게 됩니다.

글쓰기의 목표는 문법에 알맞은 완벽한 글을 쓰기 위함이 아닙니다. 하지만 다 쓴 글을 부모와 함께 읽으며 이야기를 나누는 자체만으로 아이의 글쓰기가 즐거워질 수 있습니다. 아이가 글에 표현한 감정에 위로와 공감을 받는 것만으로도 다음 글을 쓰고 싶은 원동력이 충분히 생길 수도 있지요. 글쓰기가 단순히 빨리 쓰고 끝내야 하는 숙제가 아니라 읽는 사람에게 감동을 줄 수도 있다는 것을 아는 순간, 내 글을 다시 쳐다보게 됩니다. 다시 보게 되면 고쳐 쓸 수 있습니다. 이런 즐거운 글쓰기 과정에서 우리 아이의 사고력과 학습 능력이 향상되는 것입니다. 스스로 쓸 마음이 들고 자신이 쓴 글을 읽어 보는 습관만 만들 수 있다면 글쓰기 교육은 절반 이상의 성공을 거둔 셈입니다. 단순히 글을 쓰라고만 하지 않고 아이가 써온 글에 함께 감동할 준비만 되어 있으면 그걸로 됐습니다. 오늘부터 저와 함께 아이의 글을 공감하며 읽어 보면 어떨까요?

이렇게 써 보아요

글을 쓴다는 것은 글을 제대로 읽는 것보다

훨씬 어려운 과정이고 그렇기 때문에 지속하여

글을 쓰면 아이의 사고력을 비약적으로 향상할 수 있습니다.

그렇다면 구체적으로 어떻게 우리 아이가

글을 쓸 수 있도록 도와줄 수 있을까요?

이번 장에서는 나이에 맞게 아이들의 글쓰기를

도울 방법을 몇 가지 소개하겠습니다.

5

매일 기록하고 싶어지는 일기 쓰기

▲ 초등 저학년 글쓰기

초등 저학년 때 일기를 단 한 번도 안 써본 아이가 있을까요? 30년이 훌쩍 넘은 과거 저의 국민학교 시절에도 일기 쓰기는 엄마와 아이들에게 쉽지 않은 과제였습니다. 방학이 끝나고 개학이 다가온다는 것을 알려주는 대명사 같은 것이었지요. 밀린 일기를 한꺼번에 쓰느라 진땀을 빼는 아이들과 덩달아 지나간 날의 날씨를 기억하느라 옆에서 함께 고민해야 했던 어머니들의 모습은 울지도 웃지도 못할 추억이었습니다. 더 과거로 가볼까요? 제2차 세계 대전 기간 강제수용소로 끌려간 네덜란드 유대인 소녀 안네가 기록한 안네의 일기와 조선시대 이순신 장군이 임진왜란 7년 동안 쓴 난중일기도 있습니다. 이렇듯 일기는 동서고금을 막론하고 늘 우리 곁에 존재하는 가장 기본적인 글쓰기임은 틀림없습니다. 특히 난중일기를 보아도 그렇듯이 일기는 아이들만 쓰는 전유물이 아닙니다. 청소년 시절에도, 어른이 되어서도 누구나 쓸 수 있는 글입니다. 그런데 왜 일기는 초등학교 저학년 때 쓸 수 있도록 권장하는 것일까요?

일기는 하루에 있었던 일 중에서 가장 기억에 남는 일을 골라 그때의 생각과 느낌을 적는 글입니다. 초등 저학년은 아직 겪지 않은 일에 대해 깊이 생각할 수 있는 능력이 부족합니다. 하루에 겪은 일을 글감으로 하는 일기는 그런 면에 있어서 초등 저학년이 시작하기에 안성맞춤인 글쓰기 갈래입니다. 또한 있었던 일을 떠올리는 과정에서 하루를 돌아보고 정리할 수 있고 글로 표현하는 과정에서 단어와 문장을 바르게 쓰는 연습을 할 수도 있습니다. 겪은 일에 관한 생각과 느낌을 표현하기 위해서 나의 감정을 솔직하게 드러내는 연습도 가능합니다.

하지만 일기 쓰기를 지나치게 강조한다면 어떨까요? 아이는 의무감으로 일기를 쓰게 되고 이는 자칫 생각이 빠진 글이 될 우려가 있습니다. 분량만을 채우기 위해 늘 비슷한 형식으로 나의 진짜 감정을 쓰지 않고 보여주기식 일기를 쓸 위험도 있습니다. 일기 쓰기의 장점을 발휘할 수 있으려면 아이의 일기를 평가하기보다는 자유롭게 표현할 수 있도록 감정에 공감해 주는 것이 가장 중요합니다.

- 글감 떠올리기

글감이란 글을 쓰는데 바탕이 되는 모든 재료, 즉 소재입니다. 일기를 쓸 때 글감을 떠올리는 일은 하루에 있었던 일 중에서 어떤 일에 대해서 쓸 것인가를 정하는 것입니다. 그런데 아이들에게 일기를 써보자고 하면 어떤 이야기를 많이 할까요? 흔히 쓸 일이 없다고 이야기하는 경우가 많습니다. 쓸 것이 없다고 이야기하는 데에는 이유가 있습니다. 일기를 쓰기 위한 글감을 고를 때에 꼭 '한 일'만을 적어야 한다고 생각하기 때문입니다.

초등학교 2학년 예림이의 일기입니다.

나는 가족과 함께 이월드에 갔다. 아침을 먹고 가서 범퍼카를 타고 바이킹도 탔다. 안에서 점심을 먹고 동물원에 갔다. 동물원에 가서 호랑이를 보고 귀신의 집에도 갔다. 집에 와서 늦게 저녁을 먹고 숙제를 했다. 아침부터 저녁까지 놀이기구를 많이 타서 기분이 좋았다.

예림이는 이날 특별한 일이 있었습니다. 가족과 놀이동산에 간 것입니다. 그래서 일기도 놀이동산에 간 일을 적었습니다. 놀이동산에 가지 않았다면 어땠을까요? 매주 반복되는 토요일이라 특별할 것이 하나도 없다고 생각할 것입니다. 하지만 가만히 생각해 볼까요? 매주 돌아오는 주말, 특별한 곳에 놀러 가지 않는다고 아무 일도 일어나지 않았을까요?

아닙니다. 하루 종일 아무것도 보지도, 듣지도, 냄새를 맡지도 않고 생각도 하지 않고 지낼 수는 없기 때문입니다. 하지만 아이들은 꼭 어디에 가거나 어떠한 놀이를 해야지만 일기를 적을 수 있다고 생각합니다. 꼭 한 일이 아니더라도 누군가의 얘기를 들었거나 길을 가다가 꽃을 본 일, 혼자 집에 있었더니 무섭거나 외로웠던 일 등이 모두 글감이 될 수 있습니다. 오늘 먹었던 음식에 관해 써도 괜찮습니다.

또한 아이들은 대부분 기분이 좋았던 일만 일기의 글감이 된다고 생각합니다. 그래서 생각이나 느낌을 쓰는 부분에 '재미있었다.' 혹은 '또 가고 싶다.'라는 이야기를 많이 적습니다. 좋았던 감정 이외의 다른 감정도 부정적인 감정이 아니라는 것을 알려주어야 합니다. 슬픈 일, 우울한 일, 괴로운 일, 화가 나는 일, 원망스러운 일, 서운한 일 등도 모두 글감이 되니 다양한 감정을 자연스럽게 일기에 쓸 수 있도록 알려주면 좋습니다.

예림이의 일기에서 나타나는 또 다른 특징은 아침부터 저녁까지 하루 종일 있었던 일들을 모두 적었다는 것입니다. 일기는 하루에 있었던 일 중에서 기억에 남는 일 하나를 선택해서 구체적으로 자기 생각과 느낌을 적는 글입니다. 놀이동산에 갔다면 놀이동산에서 탄 놀이기구 중 하나만을 골라서 그 순간과 관련된 이야기를 적으면 됩니다. 혹은 재미있었지만 돌아오는 길에 더 놀고 싶어서 아쉬운 마음이 들었다면 그 기분을 적어도 괜찮습니다.

하나의 일을 선택하고 자세하게 적기 위해서 그 상황에서 실제로 나눈 대화가 있다면 큰따옴표를 이용해 실제로 일기에 옮겨 적어도 좋습니다. 그때의 상황을 떠올리고 서로 나눈 대화를 적는 과정에서 상대방이 왜 그런 말을 했는지 상대방의 마음을 헤아리는 경험을 할 수도 있습니다.

일기의 정의에서도 나오듯이 일기를 쓸 때는 아이의 생각과 느낌을 많이 쓰라고 강조합니다. 아이는 하루에 있었던 일을 떠올리면서 자신이 잘못한 일이 있다면 반성하고 다짐할 수도 있습니다. 억울한 일이 있다면 일기를 쓰면서 마음을 다스릴 수도 있지요. 스스로 생각을 쓰기가 어렵다면 부모가 일기를 쓸 때 함께 대화하는 것이 좋습니다. 그때 기분이 어땠는지 앞으로 그런 일이 있으면 어떻게 했으면 좋겠는지 충분한 대화를 통해서 감정을 많이 떠올려 보고 난 다음 글로 쓸 수 있도록 도와주면 됩니다.

2학년 겨울방학, 실제로 일기를 쓰기 전에 첫째 아이와 나눈 대화입니다.

"오늘은 어떤 걸 일기로 써볼까?"

"엄마, 오늘은 하루 종일 집에 있어서 쓸 게 별로 없는 것 같은데?"

"음, 그러면 집에서 무엇을 했는지 한 번, 쭉 떠올려 보자. 윤건이가 쓰고 싶은 것이 있을 것 같은데?"

"아침에 일어나서 만화책 보다가 아침 먹고, 해야 할 숙제했어. 그리고 나서 게임을 좀 하고 점심을 먹었어. 그다음에 또 게임을 했네?"

"오늘 하루에 게임을 얼마나 한 것 같아?"

"…세 시간은 넘게 한 것 같아."

"게임을 세 시간 넘게 한 것에 대해 윤건이는 어떻게 생각해?"

"너무 많이 한 것 같아. 주말에는 자유롭게 할 수 있다 보니까, 계속해 버렸어."

"그러면 오늘은 게임을 너무 많이 한 것에 대해서 써보면 어떨까? 엄마가 오후에 윤건이한테 '게임 너무 많이 하는 거 아니니? 알아서 스스로 끄는 경험 엄마는 보고 싶어.' 하고 얘기했던 것도 중간에 넣으면 좋을 것 같은데?"

이 정도로만 대화를 나누면 아이는 글감을 떠올리고 생각을 쓰는 데 큰 어려움을 느끼지 않습니다. 이런 대화가 익숙해지면 굳이 대화를 나누지 않아도 글감을 찾고 생각을 쓰는 것에 점점 익숙해지고 자신감도 생길 것입니다.

– 날씨 표현으로 쓰기 재미 붙이기

일기 쓰기에 빠지지 않는 것이 있습니다. 바로 날씨입니다. 앞서 밀린 일기를 쓰기 위해 날씨가 어땠는지 기억하느라 고생했던 어머니의 이야기를 잠깐 언급했지요. 일기 쓰기에서 빠지지 않는 날씨를 활용하면 아이가 일기 쓰기에 재미를 느낄 수도 있습니다. 보통 날씨를 나타낼 때는 '맑음, 흐림, 비, 바람, 눈' 등으로 나타내는 경우가 많습니다. 그런데 실제로 아침에 눈을 떠서 밖을 바라보거나 밖으로 나가 그날의 날씨를 몸소 느껴보면 어떤가요? 창문 밖으로 봤을 때는 맑기만 한 줄 알았는데 공기가 기분 나쁘게 습할 수도 있습니다. 또는 날이 흐려 보여 춥다고 생각했는데 막상 나와보니 햇빛이 없이도 따뜻하고 포근한 느낌이 들 때도 있지요. 눈 오는 날은 어떨까요? 함박눈이 펑펑 내릴 때도 있고 진눈깨비가 날려 눈이 쌓이지는 않고 미끄럽기만 한 날도 있습니다. 또는 기분과 연결 지어 본다면 날씨는 흐리고 비가 오지만 오늘 내 기분은 햇빛이 쨍쨍 비치는 것처럼 맑을 수도 있겠지요. 같은 날씨지만 사람마다 느끼는 기분은 다를 수 있습니다.

이런 날씨를 단순히 맑음, 비, 눈이라고 표현하면 너무 심심하지 않을까요? 아이들이 날씨를 재미있게 표현하도록 연습하면 좋은 점이 많습니다. 먼저 표현력이 늘어납니다. 날씨를 재미있게 표현해 보려고 다양한 어휘를 사용해 보고 비유적 표현도 사용하면서 자연스럽게 표현력이 자라납니다. 둘째, 하나의 현상을 자세하게 관찰하고 그 현상에 대해 깊이 생각해 보는 습관을 기를 수 있습니다.

학습 능력이 좋은 아이는 주변에서 일어나는 일이나 현상을 무심코 넘기기보다는 관심을 가지고 관찰하거나 사색하기를 즐기는 경우가 많습니다. 그 습관이 책을 읽을 때도 나타나 천천히 제대로 읽으면서 메모하고 곱씹고 관련 분야를 더 찾아보는 일을 귀찮아하지 않습니다. 이런 일련의 과정들이 반복되면서 정독하는 습관이 학습 능력을 더 끌어올리고 깊이 탐구하는 태도를 더욱 견고히 하여 아이의 발전을 가져옵니다. 좋은 습관이 좋은 습관을 불러오는 것입니다. 단순히 날씨가 '맑다, 흐리다.'로 끝나는 것 아니라 날씨 하나로도 다양한 표현과 감정을 느낄 수 있다는 것을 알려주면 날씨뿐만 아니라 다른 현상이나 사물을 보고도 다양하게 표현할 수 있는 습관을 기를 수 있습니다.

실제로 학원에서 아이들이 날씨를 표현한 재미있는 예시입니다.

· 500원 주고 산 아이스크림이 1분 만에 다 녹아버린 날
· 내 마음처럼 하늘도 주룩주룩
· 낮인지 밤인지 모르겠네, 깜깜한 구름만 가득한 날
· 바람돌이가 놀러 왔나, 쌩쌩 바람 부는 하루
· 찜통 속에 옥수수처럼 쪄질 것만 같은 햇빛
· 엄마 말에 괜히 짜증이 나는 덥고 습한 날씨
· 이랬다, 저랬다 심술부리는 하늘
· 이불 속에서 꼼짝도 하기 싫은 날씨, 너무 추워요.

어려울 것 같지만 이런 예시를 몇 가지만 보여주면 의외로 아이들은 뚝딱 날씨 표현을 잘할 수 있습니다. 다만 모두 이렇게 표현해야 하는 것은 아니니 강요하지 않고 조금씩 연습하면서 생각해 보는 자체에 의미를 두어도 좋습니다. 표현을 위해서 애써서 생각해 보는 자체로도 충분히 아이의 생각하는 힘이 자라고 있기 때문입니다.

- 문장 쓰기 연습

초등 저학년 때는 자세하게 쓰기를 배웁니다. 문장으로 나타낼 때 구체적으로 표현하는 연습을 하는 것이지요. 예를 들어 '친구가 뛰어간다.'라는 문장이 있다면 어떻게 뛰어가는지 꾸며주는 말을 넣어 보는 것입니다. 친구가 '뒤로' 뛰어갈 수도 있고 '빠르게' 뛰어갈 수도 있습니다. 혹은 흉내 내는 말을 넣어서 '후다닥' 뛰어갈 수도 있지요.

일기를 쓸 때 꾸며주는 말을 꼭 많이 넣어 문장을 길게 써야만 좋은 문장이라는 것은 아닙니다. 하지만 학교에서는 아이들의 어휘를 풍부하게 하고 다양한 표현 방법을 익힐 수 있도록 자세하게 쓰는 법을 알려줍니다. 다양한 표현 방법을 익혀야 고학년이 되면서 단계적으로 다양한 글을 부담 없이 쓸 수 있는 능력을 기를 수 있습니다. 그리고 구체적으로 표현하여 문장을 쓰면 읽는 사람이 잘 떠올리며 읽을 수 있다는 것도 배우게 됩니다. 예를 들어 '사과 같은 내 얼굴'이라는 비유가 사용된 표현을 읽으면 얼굴이 어떻게 생겼는지 쉽게 떠올라 더욱 생생한 느낌을 줍니다. 또한 쓰기뿐만 아니라 고학년이 되어 문장 성분을 배울 때 꾸며주는 말, 즉 관형사와 부사의 개념과도 자연스럽게 연결 지을 수도 있습니다.

아이가 '엄마가 화를 냈다.'라는 문장을 썼다면 화를 내는 모습을 구체적으로 적을 수 있도록 해주시면 됩니다. '엄마가 화낸 모습이 어땠어? 닮았거나 떠오르는 건 없었어?'와 같이 질문을 하면 좋습니다. 아이는 질문을 받고 대답을 생각하면서 화를 내는 표정이나 모습을 구체적으로 나타내기 위해 어떤 말을 더 쓸 수 있을지 고민하게 됩니다. 단순히 '화를 낸다'는 문장에서 어떻게 다른 문장을 더 연결할 수 있을까도 스스로 고민하게 되지요. 이런 습관이 반복되면 글을 짧게 쓰고 빨리 끝내 버리기보다는 한 문장이라도 더 쓰고 조금 더 생생한 표현을 만들기 위해 고심하는 아이를 발견할 수 있습니다.

아이가 일기를 쓰기 위해 글감을 떠올리고 날씨와 문장 표현을 고민하는 그 순간을 칭찬해 주면 좋습니다. 좋은 생각이 떠오르지 않아 그럴듯한 일기를 쓰지 못하더라도 잘 쓰기 위해 고민하는 그 자체만으로도 아이는 성장하고 있기 때문입니다.

아이들이 일기를 쓸 때 옆에서 알려주면 좋은 것들을 정리했습니다.

- 한 일 이외에 본 것, 들은 것, 생각한 것, 냄새를 맡은 것도 글감이 된다.
- 기분이 좋았던 일뿐 아니라 화가 났던 일, 슬펐던 일, 무서웠던 일, 섭섭했던 일 등 다양한 일이 모두 글감이 될 수 있다. 책을 읽었거나 식물이나 동물, 물건을 관찰한 일을 글감으로 활용해도 된다.
- 기억에 남는 일이나 감정을 하나만 골라서 자세하게 써야 한다.
- 일기 속에 실제로 나누었던 대화를 떠올려 적으면 좋다.
- 사실보다는 그때의 감정이나 생각, 느낌을 많이 적으면 좋다.
- 생각 쓰기가 어렵다면 아이와 충분한 대화를 통해 그때의 감정을 떠올리고 글로 이어질 수 있도록 해준다.
- 날씨를 쓸 때 나만의 표현으로 생동감 있게 표현해 재미를 느끼게 해준다.
- 꾸며주는 말을 이용해 문장을 구체적으로 생생하게 표현하는 연습을 한다.

일기를 쓸 때마다 알려드린 요소들을 모두 빠짐없이 활용할 수는 없습니다. 다양한 감정과 상황이 모두 글감이 될 수 있다는 것을 잘 알려주고 아이와 대화를 나누는 것은 매일 실천하면 좋습니다. 나머지 요소는 하루에 하나씩 활용해 보는 것만으로 충분합니다. 무엇보다 아이가 한 문장을 쓰더라도 감정을 공감해 주고 표현을 칭찬해 주는 일이 가장 중요합니다. 일기라는 것을 많이 써본 경험이 없는 초등 저학년은 아직 쓰는 방법을 잘 몰라서 일기의 내용이 매번 비슷할지도 모릅니다. 부모가 옆에서 도와주면 훨씬 자신감이 생길 것입니다.

▲ 실천 포인트

· 초등 저학년 – 글감 찾기 위해 대화 나누기 : 꼭 한 일, 좋은 일만 고르지

않도록 하고 구체적인 한 가지 일만 고를 수 있도록 그때

나눈 대화와 감정도 상기해 주기

날씨 표현 예로 들어 주기

구체적인 문장 쓰기 연습하기

글감을 떠올리고 날씨와 문장 표현을 고민하는 그 순간

을 칭찬해 주기

6

읽기가 즐거워지는 독서감상문 쓰기

독서감상문은 초등 3학년 국어 시간에 처음으로 등장합니다. 초등학교를 졸업하기 전까지 독서감상문을 한 번도 써보지 않은 아이는 없을 것입니다. 독서감상문 대회도 많이 있습니다. 어떤 이유로 독서감상문을 많이 쓰도록 할까요? 독서감상문을 쓰면 책 내용에 대해 더 깊이 생각할 수 있습니다. 감상문을 쓰기 위해서는 다 읽은 책을 펼쳐서 들여다보고 책의 내용을 샅샅이 살펴야 합니다. 어떤 장면이 기억에 남는지 다시 한 번 책장을 넘기며 기억을 되살려 보기도 합니다. 글을 쓰는 과정에서 아이의 생각과 느낌을 정리할 수 있는 능력이 자라납니다. 이 능력은 곧 사고력으로 연결되지요. 그래서 감상문을 써본 책은 읽고 나서도 오랫동안 기억에 남습니다. 하지만 안타깝게도 독서감상문 쓰는 것을 좋아하는 아이를 찾는 것은 드문 일입니다.

독서감상문이 책을 읽고 반드시 써야 하는 숙제처럼 받아들여지면 책을 읽는 것까지 싫어질 수가 있습니다. 처음에는 독서감상문을 쓰기 위해서 책을 읽기보다는 읽은 책 중에서 가장 재미있었던 책으로 감상문을 쓰면 좋습니다. 학원 과제나 대회 제출용으로 한두 번 써보는 것이 아니라 꾸준히 쓰는 것이 습관이 되면 감상문에 대한 두려움이 줄어들고 감상문뿐만 아니라 다른 글쓰기에도 부담이 줄어듭니다. 감상문을 적는 좋은 습관이 있는 아이들은 책을 읽는 동안 떠오르는 생각을 메모하면서 읽기도 하고 마음에 드는 장면을 표시해 두었다가 글에 활용하기도 합니다.

– 나만의 독서록 만들기

어떻게 하면 조금이라도 쉽고 즐겁게 감상문쓰기를 시작할 수 있을까요? 일회성으로 그치지 않고 지속하여 쓰기 위해서 먼저 '독서록'을 작성하는 방법을 추천해 드립니다. 독서록은 책을 읽고 읽은 날짜와 책의 제목, 간단한 생각 느낌을 메모하는 것입니다. 처음부터 감상문의 형식에 맞추어 긴 글을 쓰는 것은 어렵고 부담스럽기 때문에 간단하게 메모하는 형식으로 시작하는 것이 좋습니다.

먼저 노트하나를 준비하고 '나만의 독서 노트'와 같은 이름을 붙입니다. 읽은 책의 제목과 작가 정도를 적고 책이 재미있었는지 나만의 평가를 별점을 이용해서 표시하면 좋습니다. 모든 책이 재미있을 수 없기 때문에 솔직하게 평가하면 됩니다. 읽은 책의 영역을 표시하면 더욱 좋습니다. 같은 영역의 책만 읽고 있는지 스스로 파악할 기회가 됩니다. 그리고 목표를 설정합니다. 목표로 정한 양만큼 책을 읽었다면 당근이 있어야겠지요? 읽은 책이 50권이 되거나 100권이 되면 아이가 좋아하는 것으로 보상하는 방식입니다. 아이는 보상을 받아서 좋기도 하거니와 스스로 정한 목표를 달성함으로써 성취감을 맛볼 수 있습니다. 목표를 달성해보지 않으면 절대로 느낄 수 없지요. 목표와 보상의 내용은 아이와 부모가 함께 대화를 통해서 정하면 됩니다. 처음부터 너무 높게 목표를 설정하기보다는 실현할 수 있는 목표를 설정하는 것이 좋습니다. 첫 목표를 달성하여 보상받고 나서는 다음 목표까지 가는 것이 한결 더 즐겁기 때문에 처음에는 낮은 목표로 시작하는 것을 권합니다. 책을 읽고 독서록을 채워가면서 별점의 점수가 높은 책이 있다면 그 책으로 독서감상문 쓰기를 시작하면 됩니다.

– 내용 정리 게임

독서감상문을 쓰기에 앞서서 감상문을 채워갈 내용을 마련하면 좋습니다. 무작정 써 내려가는 것보다 책의 내용을 한 번 더 곱씹으며 다지는 것이지요. 먼저 아이와 함께 재미있는 놀이를 통해서 책의 내용을 확인해 볼 수 있습니다. 실제로 학원에서 아이들과 하는 게임인데 저학년도 고학년도 모두 좋아하니 가정에서도 활용해 보면 도움이 될 것입니다.

먼저 읽은 책에 나오는 중요한 단어를 30개 정도 뽑아냅니다. 저학년일 경우에는 20개 정도가 알맞습니다. 아이의 읽기 능력이 높거나 읽고 기억하는 힘이 좋다면 개수를 조정해도 됩니다. 종이를 준비하고 뽑아낸 단어의 개수만큼 칸을 만들어 칸 안에 단어를 적어 줍니다. 여기서 미리 두 장을 준비해서 한 장에는 단어를 적지 않고 칸만 만들어 둡니다. 적은 종이를 칸에 맞추어 단어가 하나씩 되도록 잘라줍니다. 그러면 단어 카드가 만들어집니다. 단어 카드를 아이에게 하나씩 보여주면서 단어가 책 속에서 누구인지 혹은 어떤 장면에 나오는 물건인지 이야기를 나누며 내용을 상기하면 됩니다. 그리고 나면 단어는 치우고 아까 만들어 둔 빈칸에 방금 본 단어들을 하나씩 떠올려서 적어 보는 것입니다. 모두 적으면 아이가 이기는 것이지요. 중간에 힌트 찬스를 두 번 정도 마련한다든지 채워야 할 개수를 몇 개 이상으로 정하는 것은 자유롭게 하면 됩니다. 단어의 순서는 상관이 없습니다. 형제나 자매가 있다면 둘이 함께해도 좋습니다. 한 명씩 번갈아 가면서 칸을 채우면 더 재미있게 놀이할 수 있습니다. 아이들이 칸을 채우기 위해 책 내용을 곱씹는데, 기억이 날 듯 말 듯 아슬아슬하게 칸을 채워가는 것을 무척 재미있어 합니다.

단어	만복이	장군이	바람떡	꿀떡
찹쌀떡	착한일	웃음	나쁜말	은지
선생님	팥떡	욕쟁이	무지개떡	쑥떡
떡집	예쁜말	반창고	장군이네떡집	외동아들

(자르는 종이)   (답을 채우는 종이)

─ 질문을 통해 내용 마련하기

책 내용을 한번 되짚어 보았다면 본격적으로 쓸 내용을 마련해야 합니다. 다음과 같은 질문에 답을 생각해 보면 됩니다.

· 표지를 보고 어떤 생각을 했나요?

· 왜 이 책을 골랐나요?

· 작가를 소개해 볼까요?

· 책의 내용을 한두 문장으로 요약해서 말한다면
　어떻게 나타낼 수 있을까요?

· 가장 인상 깊은 장면은 무엇인가요?
　왜 그 장면이 인상에 남았나요?

- 이야기와 관련된 비슷한 경험이 있나요?
- 주인공에게 본받을 점이 있다면 무엇인가요?
- 마음에 드는 등장인물이 있다면 누구인가요?

  그 이유는 무엇인가요?
- 등장인물에게 지어주고 싶은 별명이 있다면 무엇인가요?
- 책을 읽고 다른 이야기와 다른 특징을 발견한 것이 있나요?
- 책의 장점이 있다면 무엇인가요?
- 새롭게 알게 된 사실이 있다면 무엇인가요?
- 내가 주인공이라면 어떻게 했을까요?
- 누구에게 이 책을 소개하고 싶나요? 그 이유는 무엇인가요?
- 책 내용과 관련된 책이나 신문 기사나 영화를 본 적이 있나요?
- 책을 읽고 나서 궁금한 점이 있다면 무엇인가요?
- 책에서 얻은 교훈이 있다면 무엇인가요?
- 책장을 덮고 나서 어떤 생각을 하였나요?

종이에 위의 질문들을 적어서 보관하고 있다가 아이가 독서감상문을 쓸 때 꺼내 활용하면 됩니다. 아이에게 위와 같은 질문을 하고 아이가 생각하고 대답할 수 있도록 도와주세요. 대화를 나눈 후 여러 질문 중에 쓰고 싶은 것을 골라서 적을 수 있도록 해주면 됩니다. 앞의 질문에 번호를 붙여 '1번, 5번, 13번, 18번으로 써보자'와 같이 함께 정하면 되지요. 감상문 한 편에 앞의 내용을 다 적을 필요는 없으니 아이가 책을 읽고 앞의 질문 중 뚜렷하게 대답할 수 있는 질문으로 고르면 좋습니다. 질문 중 몇 가지를 골랐다면 어떤 순서로 질문들을 배열할지를 정해야 합니다.

독서감상문은 '반드시 이렇게 써야 한다.'는 형식은 없습니다. 다만 처음으로 독서감상문을 쓴다면 어떻게 써야 할지 막막하기 때문에 연습할 때는 가장 기본적인 방법으로 쓰고 점점 나만의 방법을 찾아가면 됩니다.

무엇을 먼저 적어야 할지 모르는 아이에게는 처음에는 책을 읽은 동기나 책 표지의 제목이나 그림을 보고 든 생각을 적도록 해주면 됩니다. 혹은 주인공을 간략하게 소개하거나 전체 내용을 한두 줄로 요약하면서 시작해도 괜찮습니다. 관련 경험이 있다면 경험 이야기로 시작해도 좋습니다. 끝부분에는 책장을 덮고 나서 한 생각이나 책에서 얻은 교훈, 소개하고 싶은 사람이나 관련 책 등을 언급하면 됩니다. 나머지 질문에 대한 대답을 글의 가운데에 넣으면 됩니다. 순서가 중요한 것은 아니지만 아이들에게 가이드라인처럼 큰 틀을 알려주면 막연한 상태에서 훨씬 쉽게 접근할 수 있습니다.

처음	가운데	끝
책을 읽게 된 동기 제목 표지를 보고 든 생각 내용 한두 줄 요약 작가 소개 관련 경험	인상 깊은 장면과 이유 마음에 드는 등장인물과 이유 새롭게 알게 된 사실 내가 주인공이라면 공감하는 장면 공감하지 못하는 장면	책을 덮고 든 생각 얻은 교훈 소개하고 싶은 사람 관련 책이나 영화

　기본적인 독서감상문에 어느 정도 익숙해졌다면 다양한 형식의 독서 감상문을 쓰면 훨씬 재밌는 글쓰기를 경험할 수 있습니다. 편지나 일기, 시의 형식으로 써볼 수도 있고 만화나 광고와 같은 형식으로 써도 됩니다. 3학년 1학기 교과서에도 시 형식의 독서감상문을 소개하고 있습니다. 긴 글을 써야 한다는 부담감에서 어느 정도 벗어날 수 있어 더 흥미롭게 독서감상문에 접근할 수 있습니다. 기본적인 형식의 독서감상문을 먼저 쓰고 다양한 형식으로 써도 되지만 반대로 먼저 가벼운 편지나 만화의 형식으로 시작해도 무방합니다. 아이가 긴 글쓰기를 부담스러워한다면 아이에게 맞게 쓸 수 있도록 도와주면 됩니다. 독서감상문을 처음 쓰는 아이라면 무리하지 않고 위에 알려드린 질문 중에 처음 중간 끝에 하나씩만 넣어도 됩니다. 글쓰기는 지속 가능해야 합니다. 몇 번 쓰고 마는 것이 아닙니다. 그러기 위해서는 글쓰기가 두렵고 부담스러운 영역이

되어서는 안 되겠지요. 가벼운 마음으로 시작하여 점점 양을 늘려간다는 생각으로 지도해 주면 좋겠습니다.

늘 강조하지만 결과물이 중요한 것이 아니라 글을 쓰기 위해 애써서 생각하는 과정이 중요하다고 했습니다. 독서감상문도 책을 제대로 읽기 위한 활동이 되어야 합니다. 그러므로 책의 내용에 대해 함께 이야기 나누고 질문에 대답을 만들어 보는 과정이 중요합니다. 글의 순서나 형식보다 더 중요한 것은 아이가 책을 읽고 '어떤 생각을 하고 있는지'입니다. 다만 책을 읽고 든 생각을 글로 자연스럽게 적는 연습을 하다 보면 우리 아이의 생각하는 힘이 더욱더 견고해질 것입니다. 글쓰기는 읽기보다 고차원적인 사고 과정이 필요하기 때문입니다. 오늘 아이와 함께 아이만의 독서 노트를 만들어 보면 어떨까요? 독서록이 하나씩 쌓일 때마다 감상문을 쓰고 싶어지는 아이의 마음도 하나씩 쌓일 것입니다. 다 쓴 글을 읽으며 공감해 주고 아이가 글을 다시 읽어 볼 수 있는 동기도 만들어 주면 좋겠지요?

· 초등 고학년 – '나만의 독서 노트' 독서록 만들기

독서록에서 가장 재미있었던 책 고르기

'단어 떠올리기' 게임 하며 내용 상기하기

내용 마련하기 질문을 통해 쓸 내용 확보하기

처음 가운데 끝에 들어갈 내용 정하고 쓰기

논리적인 글쓰기로 사고력 기르기, 논설문 쓰기

▲ 초등 고학년 쓰기

초등 3학년이 되면 교과서에서 의견에 대해서 배웁니다. 4학년이 되면 본격적으로 의견을 드러내는 글을 써야 합니다. 초등 고학년이 되면 써야 할 글의 종류도 다양해지고 길이도 길어집니다. 고학년이 되면 옳고 그름을 판단할 수 있는 능력이 생기는 시기이기 때문에 논설문과 같은 논리적인 글이 등장하게 되는 것입니다. 앞서 언급했지만 논설문은 글쓴이의 의견이나 주장을 타당한 근거를 들어 논리적으로 전개함으로써 읽는 이를 설득하는 글입니다. 다른 어떤 글보다도 자기 생각을 논리적이고 체계적으로 전달할 수 있어야 합니다. 앞부분에서 편지는 잘 쓰지만 논설문은 잘 쓰지 못하는 아이에 대해 이야기했습니다. 스스로 논리를 가지지 못하면 논리적인 글을 전개해 내기 어려운 것은 당연한 이치라고 했지요. 논설문 쓰기에 앞서 다양한 영역을 읽어 읽기 능력을 갖추는 과정은 늘 함께해야 합니다.

모든 글을 쓸 때 가장 먼저 해야 하는 것은 글의 주제, 글을 쓰는 목적, 예상 독자를 구체적으로 정하는 것입니다. 먼저 글을 쓰는 목적은 읽는 사람을 논리적으로 설득하기 위한 것이라고 정했습니다. 설득을 목적으로 논설문을 써야 한다면 어떠한 주제로 쓸 것인지를 정해야 합니다. 주제를 정할 때는 현재 주변에서 일어나는 다양한 문제 상황을 떠올려 보아야 합니다. 아이들이 생활하는 주변에서 일어나는 문제 상황에는 어떤 것이 있을까요? 예를 들어보겠습니다.

- 학교 주변 불법 주차로 인해 사고가 발생한다.
- 외모 지상주의로 인해 학교에서도 지나치게 외모를 가꾸는 아이들이 있다.
- 친구들이 급식 시간에 반찬을 골고루 먹지 않아 남기는 경우가 많다.
- 인공지능이 발달하면서 사람들이 일자리를 잃어가고 있다.
- 학원의 숙제가 너무 많아 학교생활에 집중하기 어렵다.
- 게임을 너무 오랫동안 하는 아이들이 많다.
- 일회용품 사용이 늘어나 환경이 오염되고 있다.
- 동물 실험으로 많은 동물이 고통받고 있다.

학교나 학원, 또는 언론에서 이슈가 되는 다양한 문제 상황을 떠올릴 수 있습니다. 문제 상황 중에서 내가 가장 잘 표현할 수 있을 만한 상황을 고르도록 합니다. 문제 상황이 명확해지면 이와 관련된 자료를 다양한 방법으로 조사해야 합니다. 인터넷으로 검색할 수도 있고 책을 찾아볼 수도 있습니다. 자료를 수집했다면 자료를 바탕으로 문제를 해결하기 위해 나는 어떤 의견을 제시해야 할지 고민해 보아야 합니다. 자신의 관점과 주장을 정리해야 하지요. 자신의 주장이 정해졌다면 왜 그런 주장을 하게 되었는지 근거를 마련해야 합니다.

논설문은 다른 사람을 설득하는 글이기 때문에 근거를 마련하는 일이 가장 중요합니다. 주장을 뒷받침하는 근거나 사례가 객관적이고 타당해야 하기 때문입니다. 또 자신의 주장이 사회·문화적 맥락 안에서 수용 가능한지 생각해 보아야 합니다. 근거를 마련하고 타당성을 따져 보는 과정이 아이들에게는 낯설고 힘든 과정이 될 수 있습니다. 그렇기 때문에 논설문과 같은 논리적인 글쓰기가 어려운 것이지요. 근거를 마련하기 위해서는 현장을 탐방하거나 해당 분야의 강연을 듣는 등 직접 자료를 수집할 수도 있고 책이나 신문 기사, 보고서 등의 인쇄 매체나 텔레비전, 라디오, 인터넷 등 방송 통신 매체를 활용할 수도 있습니다. 자료를 수집할 때는 전문가의 의견, 설문 조사, 연구자료 등 신뢰할 만한 자료를 참고하여야 합니다.

근거를 제시할 때는 다양한 근거를 들어 주장을 적절하게 뒷받침할 수 있어야 합니다. 또한 객관성과 보편성을 갖추어야 하지요. 독자의 관심을 끌 수 있어야 하고 사실과 의견을 명확하게 구분하여 적는 것이 좋습니다.

논리의 전개가 짜임새 있게 이루어지기 위해서는 글의 개요를 작성해야 합니다. 주장하는 글의 구성과 흐름에 맞게 개요를 작성해야 하지요. 논설문은 서론 본론 결론으로 구성됩니다. 서론에는 글을 쓴 동기와 목적을 제시하고, 문제를 제기합니다. 본론에는 주장을 구체적으로 전개하고 주장을 뒷받침하는 근거를 제시해야 합니다. 결론에서는 주장을 요약, 정리하며 전망과 과제를 제시하면 됩니다.

개요를 작성했다면 구성 단계에 맞게 주장하는 글을 쓰면 됩니다. 주장하는 글의 형식적 · 문체적 특성에 맞게 자신의 의견을 논리적이고 설득력 있는 문장으로 표현해야 합니다. 앞에서 제시하려고 정한 나의 주장과 의견을 뚜렷하게 드러내야 하고 출처가 분명하고 믿을 만한 근거를 사용하여 글을 전개해야 합니다. 글을 다 썼다면 자신이 쓴 글을 읽어 보고 보완할 부분을 고쳐 씁니다.

아이 혼자서 문제 상황을 찾고 근거를 마련하기 위해 자료를 찾는 과정이 어려울 수 있습니다. 이 부분에서 부모가 대화를 나누며 함께 도와주시면 좋습니다. 함께 문제 상황을 찾아보고 인터넷을 통해 자료를 수집하는 과정을 한두 번만 해주시면 됩니다. 부모 역시 이 과정을 몇 번 반복하면 수월해진다는 것을 느낄 수 있을 것입니다.

아래에 실제로 아동 · 청소년들이 게임 이용과 관련해 초등 5학년 학생이 논설문을 쓴 과정을 소개합니다.

> **▲ 문제 상황 떠올리기**
> 주변에서 의견을 제시할 수 있는 문제 상황들을 떠올려 보세요.
> → 게임을 너무 오랫동안 하는 아이들이 많다.

▲ 문제 상황과 관련된 자료를 찾아보고 정리해 보세요.

→ 인터넷 – "청소년, 아동 게임 실태 조사 – 아동 게임 이용자 중에서 적응적 게임 이용자 수가 청소년에 비해 낮게 나타났다. 아동·청소년의 게임 이용에 대한 학부모의 인지, 대화, 이해 정도를 조사한 결과 청소년의 경우 대다수 학부모가 자녀의 게임 이용을 인지하고 대화하는 것으로 나타났다.

허나 청소년의 게임 이용에 대한 학부모의 이해 정도를 질문한 결과, '매우 그렇다 (매우 이해해준다)' 응답은 적응적 게임 이용군 54.7%, 문제적 게임 이용군 37.7%로 큰 차이가 있었다.

아동의 경우 게임 이용에 대한 학부모의 대화와 이해 정도에서 적응적 게임 이용군과 문제적 게임 이용군의 '매우 그렇다 (매우 이해해준다)' 비율 차이가 큰 것으로 집계됐다.

콘진원은 "조사 결과에 따르면 자녀에 대한 학부모의 인식과 관심이 교육, 교우관계, 성장환경 등에 영향을 미치는 것과 마찬가지로 자녀의 게임 이용에 대한 학부모의 긍정적 인식이 자녀의 게임행동유형 특성에 영향을 주는 것으로 나타났다."라고 밝혔다.

이어 "학부모는 게임이 아동·청소년의 취미 생활이자 또래 집단과 소통의 매개체임을 이해하고 적극적으로 대화를 하는 것이 중요하다고 판단된다."라고 조언했다."

– 출처 : 〈IT비즈뉴스〉(ITBizNews)(https://www.itbiznews.com) 2023.04.07

▲ **나의 주장 정하기**

문제 상황을 해결하기 위해 어떤 주장을 하면 좋을까요?

→ 게임을 하는 아이들의 부모는 아이들과 게임에 대해
끊임없이 대화해야 한다.

▲ **근거 마련하기**

나의 주장을 뒷받침할 수 있는 근거는 무엇일까요?

(왜 그렇게 생각했나요?)

→ 이미 많은 아이들이 게임을 하고 있다. 게임하고 있는 아이에게
게임을 전혀 하지 않도록 하기는 현실적으로 불가능하다.

→ 조사 결과 게임을 하더라도 아이와 함께 대화를 통해 게임이 어떤
역할을 하는지 긍정적으로 인식하는 것이 아이의 과몰입을 막을 수
있다고 하기 때문이다.

▲ **개요를 작성하기**

서론 본론 결론에 각각 어떤 내용을 적을지 개요를 작성해 보세요.

· 서론 – 요즘 또래 친구들이 게임을 너무 많이 하는 문제 상황 제시

· 본론 – 뉴스 기사에서 수집한 자료 제시, '게임을 하는 아이들의
부모는 아이들과 게임에 대해 끊임없이 대화해야 한다'는 주
장과 근거 두 가지 제시

· 결론 – 주장 근거를 한 번 더 요약, 게임을 줄이자는 당부

▲ **글쓰기**

▲ **고쳐쓰기**

모든 부모는 독서 코칭 전문가가 될 수 있습니다

앞의 형식에 맞추어 쓰는 연습을 몇 번 반복하면 논설문을 쓰는 과정이 익숙해질 것입니다. 내용 마련하기와 주장과 근거를 제시하는 과정에서 논리적인 사고가 향상됩니다. 스스로 논설문을 써본 아이들은 논설문을 읽을 때 주장과 근거가 합리적이고 타당한지, 실현될 가능성이 있는지 평가하며 읽을 수 있는 힘을 키울 수 있습니다.

· 초등 고학년 – 문제 상황 떠올리는 대화 나누기

문제 상황과 관련된 자료 함께 찾아보기

자료를 보고 내 주장 정하기

자료를 보고 내 근거 마련하기

개요 짜고 쓰기

신문 읽고 쟁점에 대한 의견 쓰기

대문호라고 불리는 도스토옙스키는 열렬한 신문 독자였다고 합니다. 그의 대표작 『죄와 벌』의 소재 또한 한 점원이 두 노파를 도끼로 살해한 사실을 보도한 1865년 1월 〈목소리〉 기사에서 영감을 얻은 것이었습니다. 이 소설은 사실 그가 특이한 범죄 기사와 재판 과정을 꼼꼼히 스크랩한 덕분이었지요. 그의 소설 속에 등장하는 수많은 에피소드와 등장인물의 사연 또한 신문 기사에서 영감을 얻은 것이었습니다. 가난했던 도스토옙스키에게 신문은 저렴한 비용으로 신속하게 나라 안팎의 소식과 당시 사람들의 관심사를 알려주는 창작의 원천이었다고 합니다. (참고: "도스토옙스키는 열렬한 신문 독자였다", 〈한겨레〉, 2022.3.21.)

요즘 아이들은 신문을 얼마나 읽을까요? 아마 집에 신문을 구독하는 경우가 아니라면 읽지 않는 경우가 대부분일 것입니다. 신문을 구독하더라도 신문을 매번 챙겨보는 아이들은 드뭅니다. 신문은 세상과 소통하는 창구입니다. 신문을 통해서 세상과 만나게 됩니다. 그러나 신문 기사에는 평상시에 아이들이 접하지 못한 어휘들이 많이 등장합니다. 또한 사회적으로 이슈가 되는 문제를 이해하기 위해서는 관련된 배경지식이 있어야 하는 경우가 많습니다. 이런 이유로 아이들은 기사 내용을 이해하는 데 어려움을 겪습니다.

　이러한 신문을 제대로 읽기만 한다면 어떻게 될까요? 다양한 분야의 최신 지식을 얻을 수 있고 세상이 어떻게 변화하고 있는지 알 수 있습니다. 이는 세상의 흐름을 파악하는 거시적인 안목을 길러줍니다. 신문에는 사회, 과학, 경제, 정치, 예술, 음악, 스포츠 등 다양한 분야의 글들이 실려 있기 때문에 글의 소재를 발견하는 보물창고가 될 수도 있습니다. 도스토옙스키처럼 말이지요. 아이는 신문 기사를 읽으면서 사회 현상에 대한 배경지식도 쌓을 수 있고 새로운 사실을 발견하는 재미도 얻을 수 있습니다.

　앞장에서 소개한 것처럼 문제 상황을 스스로 생각하고 근거 자료를 마련하여 논설문을 쓸 수도 있지만 쟁점이 드러나는 글을 읽고 논설문을 쓸 수도 있습니다. 이때 집에서 가장 잘 활용할 수 있는 것이 바로 신문입니다. 쟁점이란 서로 다투는 중심이 되는 점을 말합니다. 신문 기사에서는 사회적으로 이슈가 되는 문제를 다루고 이에 대해 찬성 혹은 반대입장 모두를 제시하는 경우가 많습니다. 즉 신문 기사에는 논설문으로 쓸 수 있는 사회 현상이나 제도, 그에 대한 찬·반의 입장이 근거와 함께 모두 제시되어 있다는 것입니다. 아이들은 기사에서 거론되는 쟁점에 대해 나의 의견을 정리하면서 옳고 그름을 가리는 판단력을 기를 수 있습니다. 실제로 우리는 같은 상황에 대해 의견이 달라 문제가 발생하는 경우를 많이 만납니다. 이때 이를 해결하기 위해서는 타당한 근거를 들어 자신의 주장을 펼치는 태도가 필요합니다. 신문을 읽고 의견을 제시하는 글을 여러 번 써보면 실제로 다른 사람과의 대화에서도 논리정연하게 말할 수 있는 능력을 기를 수 있습니다.

신문 기사는 굳이 종이 신문을 구독하지 않더라도 인터넷으로 쉽게 접할 수 있습니다. 인터넷 기사를 출력하거나 혹은 화면으로 함께 읽어보아도 무방합니다. 먼저 기사를 읽고 기사의 내용을 제대로 파악해야 합니다. 신문 기사는 육하원칙에 따라 작성되는 경우가 많기 때문에 육하원칙을 이용해서 정리하면 좋습니다. 기사의 내용을 파악하고 나면 쟁점이 무엇인지 정확하게 파악하는 과정이 필요합니다. 쟁점을 파악했다면 찬성과 반대로 나누어진 각각의 입장의 근거를 찾아 정리하도록 합니다. 마지막으로 쟁점에 대한 나의 의견을 정하고 근거를 마련하면 됩니다.

실제 어린이 동아일보에 실린 기사를 보고 쟁점에 대한 의견을 쓰는 과정을 소개합니다.

"북유럽 나라인 스웨덴의 학교에서 학생들이 디지털 기기를 사용하는 대신 종이책을 사용하고 손으로 글씨를 쓰며 공부하고 있다는 보도가 나왔어요. 이 같은 정책은 학생들의 문해력(글을 읽고 이해하는 능력)을 키우기 위한 것으로 알려집니다.

영국 일간 가디언에 따르면 스웨덴의 많은 학교가 종이책을 통한 수업, 손 글씨 연습, 책 읽기 교육을 강조하고 있어요. 학교에서 태블릿PC를 보거나 키보드를 사용하는 시간, 온라인 검색하는 시간을 줄이고 있는 것.

스웨덴 정부는 각 학교에 배치할 도서를 구입하는 비용으로 6억8500만 크로나(약 820억 원)를 쓴다고 밝혔어요. 2024, 2025년에도 매년 5억 크로나(약 600억 원)를 추가로 투입할 예정이지요.

이 같은 정책은 디지털 기기를 활용한 교육 방식이 문해력을 비롯한 학생들의 학습 능력을 떨어뜨린다는 지적에 따른 것이에요. 스웨덴의 왕립 카롤린스카 연구소는 "디지털 기기는 학생들의 학습 능력을 높이기보다는 오히려 떨어뜨린다."라는 연구 결과를 지난달 발표하기도 했어요.

교육 현장에서는 전통적 교육 방식으로 돌아가려는 스웨덴 정부의 정책에 찬성한다는 목소리가 나와요. 학생들이 디지털 기기를 이용하기 전에 종이책에 글쓰기 연습을 하는 것이 중요하다는 것.

그렇지만 디지털 기기 같은 기술이 교육에 도움이 안 된다는 명확한 근거가 없다는 주장도 있어요."

어린이 동아 장진희 기자

– 〈어린이 동아〉, 2023.09.12

▲ **신문 기사를 읽고 중심 내용을 요약해 보세요.**
→ 스웨덴의 학교에서 문해력을 키우기 위해 디지털 기기 대신 종이책을 사용하고 손으로 글씨를 쓰면서 공부하고 있다. 정부에서도 이를 위해 많은 지원을 할 예정이다.

▲ **신문에 드러나는 쟁점을 정리해 보세요.**
→ 디지털 기기 대신에 종이책으로 수업을 하는 것이 옳은가?

▲ **쟁점에 대한 두 가지 입장을 정리해 보세요.**
찬성 : 학생들이 디지털 기기를 이용하기 전에 종이책에 글쓰기 연습을 하는 것이 중요하다.
반대 : 디지털 기기 같은 기술이 교육에 도움이 안 된다는 명확한 근거가 없다.

▲ **쟁점에 대한 나의 의견은 무엇인가요?**
→ 디지털 기기 대신 종이책을 사용하고 손으로 글씨를 쓰면서 공부하는 것에 찬성한다.

▲ **나의 의견의 근거는 무엇인가요? (왜 그렇게 생각하나요?)**
→ 디지털 기기는 학생들의 학습 능력을 높이기보다는 오히려 떨어뜨린다는 연구 결과
디지털 기기는 눈이 아프고 종이책의 질감이 더 좋다.

▲ **신문 기사의 쟁점이 드러나게 근거를 들어 나의 의견을 글로 적어 보세요.**

---

3 장 | 읽기보다 어려운 쓰기, 피하지 말고 써야 합니다　　185

아이가 신문에서 처음 접하는 사회 제도나 현상에 대해 근거를 들어 의견을 밝히기는 매우 어렵습니다. 처음에는 기사에 나오는 두 가지 입장 중 근거를 읽어 보고 더 마음에 드는 쪽으로 고르도록 해주면 됩니다. 왜 그렇게 생각하는지 근거를 뒷받침할 때도 신문 기사에 나오는 근거를 그대로 적어도 괜찮습니다. 지금은 아이들이 사회 현상에 대한 의견에 타당한 근거를 제시할 만큼 현상에 대한 배경지식이나 어휘력을 아직 갖추지 못했기 때문입니다.

요즘 필사하는 사람들이 많이 있습니다. 필사는 책을 손으로 직접 베껴 쓰는 일을 말합니다. 필사를 하면 '잘 쓴 문장'이 어떤 것인지 익힐 수 있습니다. 눈으로 읽을 때는 무슨 말인지 이해하지 못했던 문장이 따라 쓰기를 하면서 이해가 되기도 합니다. 필사를 깊은 독서라고 부르는 이유입니다. 우리 아이들도 기사에 나오는 근거를 그대로 따라 적는 활동을 통해 어떤 것이 타당한 근거인지 익히게 됩니다. 적절한 근거를 따라 쓰는 과정에서 타당한 근거를 마련하는 연습을 할 수 있습니다. 신문 읽기와 의견 쓰기를 반복하면 배경지식이 쌓이게 되고 기사에 나오는 근거가 아니라 나만의 근거를 쓸 수 있는 날이 반드시 오게 될 것입니다.

▲ 실천 포인트

· 초등 고학년 – 신문 기사 함께 읽기

　　　　　　　쟁점이 있는 신문 기사 함께 고르기

　　　　　　　육하원칙으로 중심 내용 정리하기

　　　　　　　쟁점에 대한 두 가지 의견 중 하나를 내 의견으로 정하고

　　　　　　　근거도 그대로 따라 쓰며 정리하기

학습 능력 향상의 지름길, 요약하는 글쓰기

3학년부터 6학년까지 학년마다 요약하는 글쓰기는 계속해서 등장합니다. 초등 1, 2학년도 요약이라는 이름을 쓰지 않을 뿐 중요내용 쓰기를 배웁니다. 그만큼 아이들에게 요약하는 능력은 중요합니다. 요약하기란 글의 중심 내용을 골라 간략하게 정리하는 것을 말합니다. 여기서 요약은 글의 길이를 단순히 줄이는 것이 아니라 의미를 재구성하는 과정입니다. 아이들은 교과서를 시작으로 모든 글을 읽을 때 정보를 받아들이고 이 정보를 처리합니다. 이때 모든 정보를 기억할 수도 없고 그럴 필요도 없습니다. 필요한 정보를 선별적으로 추려내고 하위 개념들을 상위 개념으로 모으는 과정이 필요합니다. 요약하기는 머릿속에서 일어나는 이러한 작용을 논리정연하게 정리하여 재구성하고 다시 언어로 표현하는 활동입니다.

그러므로 글을 요약하는 습관을 기르면 글의 짜임을 체계적이고 쉽게 이해할 수 있으며 글의 내용을 오래 기억하는 데 도움이 됩니다. 특히 2장 '제대로 읽기'에서 문단의 소주제를 찾는 것이 읽기 능력을 향상할 수 있는 좋은 방법이라고 소개했습니다.

요약하기를 잘하는 아이들은 핵심 내용을 파악하는 능력이 뛰어나고 이러한 능력은 학습 능력으로 이어집니다. 긴 글을 읽지만 중요한 부분과 그렇지 않은 부분을 가려내는 능력이 뛰어나 효율적으로 학습할 수 있습니다. 같은 글을 읽어도 중요도가 높은 정보를 이미 내가 알고 있는 지식과 연결 지어 더 큰 지식의 집합체를 만들 수 있습니다. 이를 통해 종합적인 독해 능력을 기를 수 있습니다.

설명하는 글은 주로 중심 문장과 뒷받침 문장이 하나의 단락에 드러나는 경우가 많습니다. 그래서 비교적 요약하기가 수월합니다. 각 문단의 중심 내용을 찾아서 연결하면 되기 때문입니다. 그러나 이야기 글은 어떨까요? 이야기는 어디까지가 한 단락인지 겉으로 봐서는 드러나지 않습니다. 그러므로 단락으로 나누어진 설명하는 글과 같은 방법으로 요약할 수가 없습니다.

이야기 글은 작품 속 여러 가지로 얽힌 갈등과 인과 관계를 모두 파악하여 재구성해야 합니다. 그러므로 고도의 사고 능력을 요구합니다. 아래에서 제시하는 방법으로 연습하면 이야기 글 요약하기도 익숙해질 수 있습니다. 여러 가지 방법을 시도해 보고 직접 만든 방법이니 꼭 아이들이 연습할 수 있도록 도와주면 좋겠습니다.

글을 요약하는 방법에는 글의 갈래에 따라 여러 가지가 있습니다. 여기서는 가장 어렵게 느껴지는 이야기 글을 요약하는 방법을 소개하겠습니다.

이야기 요약하기
- 구성 단계에 따라, 인물, 사건, 배경 등의 이야기 구성요소를 중심으로 요약

이야기 글은 우리 아이들이 배우는 범주로 소설이라고 할 수 있습니다. 소설은 현실에 있음직한 일을 작가가 상상하여 꾸며낸 이야기입니다. 아이들이 학교에서 국어 시간에 배우는 이야기들이 모두 소설에 해당합니다. 중학교와 고등학교에 가면 수능에 출제되는 현대 소설과 고전 소설을 배웁니다.

이야기 글을 요약할 때 고려해야 할 요소에는 세 가지가 있습니다. 바로 인물, 배경, 사건과 문제 해결입니다. 인물은 이야기에서 벌어지는 사건을 이끌어 가는 역할을 합니다. 이야기를 읽을 때는 등장하는 인물이 어떤 사람인지, 어떤 갈등을 하고 있는지 반드시 이해해야 합니다. 배경은 사건이 벌어지는 시간과 장소로 이야기 전개에 빠질 수 없는 요소입니다. 마지막으로 이 두 가지 요소를 바탕으로 사건이 일어나고 해결되는 과정이 전개됩니다.

일반적으로 소설의 구성 단계는 갈등의 진행에 따라 '발단 – 전개 – 위기 – 절정 – 결말'의 5단계로 나뉩니다. 발단에서는 등장인물과 배경이 소개되고, 사건의 실마리가 드러납니다. 전개는 사건이 발전되며 갈등이 시작되는 단계입니다. 위기에서 갈등이 깊어지며, 긴장감과 위기감이 조성되고 절정에서는 갈등이 최고조에 이르고 사건 해결의 실마리가 보이게 됩니다. 마지막으로 결말에서 갈등이 해결되고 사건이 마무리되며 소설이 끝이 납니다.

방금 말한 소설의 구성요소와 단계를 이해하는 일은 아주 중요합니다. 이 요소에 맞추어 이야기를 요약하기 때문입니다. 먼저 아이가 소설을 읽었다면 2장에서 소개해 드린 것처럼 등장인물의 관계도를 그려보며 내용을 한번 정리해 보면 좋습니다. 이야기를 요약하는 과정에서 책을 다시 펼쳐서 꼼꼼하게 내용을 살펴보겠지만, 이야기를 제대로 읽지 않고 요약하기는 어렵기 때문입니다. 물론 요약하기 과정을 통해서 소설을 더욱 깊이 있게 읽고 이해할 수 있습니다. 구체적인 예시를 통해 요약하는 연습을 해보겠습니다.

초등 3학년 교과서에 실려 있는 『만복이네 떡집』입니다.
먼저 아이와 책과 관련된 대화를 합니다.
'등장인물은 누구였어? 어떤 장소들이 나오지? 가장 먼저 어떤 일이 있었지? 그다음에는 어떻게 되었어? 가장 중요한 사건이 뭐라고 생각

해? 끝에는 어떻게 되었지?'

다음과 같은 질문을 통해 이야기의 인물, 배경, 사건이 무엇인지 정리합니다. 등장인물 칸에는 등장인물의 소개를 간략하게 하면 좋습니다. 표를 채우는 것은 아이가 하도록 해주세요.

등장인물	만복이 – 주인공, 입만 열면 마음과는 달리 나쁜 말이 튀어 나옴, 아이들이 모두 싫어함 장군이 – 만복이와 같은 반, 공부를 못하고 만복이와 자주 싸움
배경 (공간, 시간)	학교, 골목 모퉁이 떡집,
사건의 시작 (1)	만복이가 처음 보는 '만복이네 떡집'에 들어가서 다양한 떡을 봄.
사건의 발전 (2)	떡들을 먹으려면 착한 일을 해야 하고 아이들 웃음을 얻어야 함. 착한 일 한 개가 생각나서 입에서 척 들러붙어 말을 못 하게 되는 찹쌀떡 하나를 먹음.
가장 중요한 사건 (3)	나쁜 말을 못 하게 된 만복이는 다른 떡들도 먹으려고 착한 일도 하고 아이들을 웃게 만듦. 달콤한 말이 나오는 꿀떡을 먹고 친구들에게 예쁜 말을 함. 장군이가 만복이를 때렸는데도 잘 참음.
결말	떡집의 이름이 장군이네 떡집으로 바뀌어 있었음.

모든 부모는 독서 코칭 전문가가 될 수 있습니다

인물과 배경, 사건을 정리했습니다. 사건에 1, 2, 3 번호를 붙인 것은 일어난 사건을 순서대로 세 가지 정도로 나누어 본다는 의미입니다. 아이가 시작, 발전, 가장 중요한 사건을 구분하기 어려워한다면 일어난 사건을 번호에 맞게 순서대로 정리하라고 알려주면 됩니다. 사건 번호가 더 많아져도 괜찮습니다.

사건을 정리했다면 각 사건이 일어났을 때 주인공의 심리 상태를 정리합니다. 역시 위에 정리한 사건의 시작부터 차례대로 주인공 혹은 주변 인물이 어떤 기분이었을지 책을 보고 이야기할 수 있도록 해주세요. 대화하면서 표를 채워가면 됩니다.

사건의 시작 (1)	달콤한 말, 웃음 등이 나오는 떡을 먹고 싶었다.
사건의 발전 (2)	착한 일을 하고 찹쌀떡을 먹었더니 나쁜 말이 안 나와서 기분이 좋았다.
가장 중요한 사건 (3)	친구들에게 예쁜 말을 하고 친구들이 웃어주자 기분이 좋았다. 친구들의 마음이 들리는 떡을 먹고 다른 사람의 마음을 이해하게 됐다.

만약에 등장인물의 심리가 나타나지 않는다면 사건만 적어도 괜찮습니다. 등장인물, 배경, 사건, 인물의 심리를 모두 정리했다면 요소들을 이어서 글로 만들면 됩니다.

주인공인 만복이는 입만 열면 마음과는 달리 나쁜 말이 튀어나와서 아이들이 모두 싫어한다. 학교에서도 만복이는 나쁜 말을 해서 같은 반 장군이와 친구들과 다툴 때가 많다. 만복이는 학교를 마치고 골목 모퉁이에서 처음 보는 '만복이네 떡집'에 들어가서 다양한 떡을 보았다. 입에 척 들러붙어 말을 못 하게 되는 찹쌀떡, 허파에 바람이 들어 비실비실 웃게 만드는 바람떡, 달콤한 말이 술술 나오는 꿀떡. 다양한 떡이 있었다. 만복이는 달콤한 말, 웃음이 나오는 떡들을 먹고 싶었다. 착한 일 한 개가 생각나서 입에서 척 들러붙어 말을 못 하게 되는 찹쌀떡 하나를 먹었다. 찹쌀떡을 먹었더니 나쁜 말이 안 나와서 기분이 좋았다. 다른 떡들도 먹으려고 착한 일도 하고 아이들을 웃게 만들었다. 드디어 달콤한 말이 나오는 꿀떡을 먹고 친구들에게 예쁜 말을 했다. 친구들에게 예쁜 말을 하고 친구들이 웃어주자 기분이 좋았다. 친구들의 마음이 들리는 떡을 먹고 다른 사람의 마음을 이해하게 됐다. 마지막에 장군이가 만복이를 때렸지만, 장군이의 진심이 들려 잘 참기까지 했다. 다음 날 떡집의 이름이 장군이네 떡집으로 바뀌어 있었다.

등장인물을 소개하고 사건과 사건 사이에 심리 상태를 끼워 넣어서 글로 완성해 보았습니다. 추가된 부분은 초록색으로 표시한 부분밖에 없습니다. 표에 정리하지 않았지만 글에서 필요한 부분이 있다면 넣어도 괜찮습니다.

모든 부모는 독서 코칭 전문가가 될 수 있습니다

처음에는 사건의 시작과 전개, 위기와 절정을 찾는 일이 어려울 수 있습니다. 읽기 능력이 높은 어른도 긴 이야기책을 읽고 나서 줄거리를 요약하는 일은 상당히 까다로운 작업이기 때문입니다. 자기 학년 교과서에 나오는 이야기를 요약하면 좋지만 어려우면 조금 더 쉽고 짧은 창작으로 시작해도 됩니다. 글쓰기를 지속하려면 어려우면 안 됩니다. 일시적으로 끝날 가능성이 높습니다. 쉽게 시작해서 글 쓰는 재미를 얻어야 다음으로 넘어갈 마음이 생깁니다. 그래야 반복할 수 있고 조금씩 어려운 글도 쓸 수 있습니다.

아이들이 바이올린을 처음 배울 때는 스펀지나 종이로 만든 바이올린을 사용합니다. 바이올린을 어깨에 올리고 활을 바르게 잡는 자세부터 배웁니다. 처음 연주하는 곡들도 어떤가요? '낑낑낑낑 낑낑' 고작 여섯 박자를 가지고 몇 주를 연습합니다. 그러고 나면 '반짝반짝 작은 별'도 연주하고 '나비 노래'도 연주합니다. 고작 여섯 박자지만 틀리지 않고 알맞은 줄에서 깨끗한 소리를 내면 아이는 성취감을 느낍니다. 제법 노래다운 〈반짝반짝 작은 별〉을 연주하게 되면 드디어 재미를 느끼게 되지요. 그러던 아이가 〈비발디 가단조 1악장〉을 멋들어지게 연주하면 어떨까요? 아이는 어마어마한 성장을 했을 것입니다. 수준 높은 곡을 연주하는 '실력'이 중요한 것이 아닙니다. 차곡차곡 밟아온 성실함과 여러 번 느낀 성취감으로 다른 분야도 잘해낼 힘이 생기지요.

이야기를 요약하면서 높아진 사고력은 더 다양한 글쓰기에서 힘을 발휘합니다. 이 힘은 읽기 능력을 올려줍니다. 읽기 능력은 또 고차원적인 글쓰기를 할 힘이 됩니다. 돌고 돌아 아이의 막강한 학습 능력을 만들어 주는 무기가 됩니다. 오늘 집에 있는 이야기책 한 권을 가지고 표에 제시된 질문으로 대화를 시작해 보면 어떨까요? 이렇게 요약한 이야기 한 편은 아이 가슴에 오랫동안 자리 잡아 아이를 이끌어 줄 아이만의 스토리가 될 수 있습니다.

· 초등 전 학년 – 소설 읽고 인물 관계도 그리기

이야기 표 출력하기

책 내용 질문을 통해 대화하기 (질문은 본문 참고)

이야기 표 아이가 채워 넣을 수 있게 도와주기

사건마다 등장인물 심리 적을 수 있게 도와주기

채워진 표 내용을 연결해서 글로 완성하기

글로 남기는 여행 사진첩, 기행문 쓰기

아이들과 여행 많이 다니나요? 아이들을 성장시키는 삼박자가 있습니다. 읽고 대화하고 체험하는 것입니다. 순서는 상관없습니다. 아이가 책을 읽고 부모와 대화하고 관련된 체험을 하면 됩니다. 또는 체험을 먼저 했다면 그것과 관련된 이야기를 하면서 책을 찾아 읽어도 좋습니다. 삼박자를 골고루 채울 좋은 기회가 바로 여행입니다. 여행을 하면 평소에 보지 못했던 것을 보고 들을 기회가 생깁니다. 아이들은 혼자서 여행할 수 없기 때문에 낯선 곳에서 평소보다 가족과 더 많은 대화를 나누며 다양한 체험도 할 수 있습니다. 여행하며 보고 들은 것과 관련된 책을 찾아서 함께 읽어 본다면 금상첨화입니다. 순서와 상관없이 체험과 책을 병행하면 아이의 흥미를 유발하여 훨씬 더 생생하게 보고 읽을 기회가 됩니다.

세 박자에다 한 박자를 더 추가하여 네 박자를 만들면 어떨까요? 바로 기행문을 쓰는 것입니다. 기행문 쓰기는 초등 5학년 1학기부터 국어 과목에 등장합니다. 여행하면서 보고 듣고 느낀 점을 자유로운 형식으로 쓴 글이지요. 기행문을 이루는 요소에는 여정과 견문, 감상이 있습니다. 여정은 간 곳을, 견문은 보고나 들은 내용을 말합니다. 감상은 보고 들은 것에 대한 생각이나 느낌을 나타냅니다. 실제로 아이들은 국어 시간에 교과서에 실린 기행문을 읽고 여정과 견문, 감상을 구분하는 방법을 배우기도 합니다.

기행문을 쓰면 어떤 점이 좋을까요? 책을 읽은 후에도 독서감상문을 쓰면 책의 내용을 훨씬 오래 기억할 수 있다고 했습니다. 여행도 마찬가지입니다. 여행 후 여정과 견문을 정리하며 그때 든 생각을 글로 옮기는 과정에서 여행의 기억을 되살릴 수 있습니다. 글로 정리해 본 여행에서의 체험은 훨씬 오래 기억에 남겠지요.

또한 단순히 지나쳐 버릴 현상에 대해 깊이 생각하는 태도를 기를 수 있습니다. 인간은 '생각'을 할 수 있다는 점에서 축복받은 존재입니다. 인간이 가장 주도적으로 세계를 이끌어 가는 것도 생각할 수 있는 동물이기 때문입니다. 이러한 생각의 깊이는 사람마다 다릅니다. 오늘 무엇을 먹을지 고민하는 단순한 생각부터 삶과 죽음을 관철하는 생각까지, 평생 얼마나 '생각'을 하느냐는 본인 스스로 결정하는 것이지요. 깊고 높은 차원의 생각을 많이 하는 상황에 자신을 던져두면 사고력이 발달하여 '이루는 삶을 살 수 있습니다.

여행하며 보고 들은 것을 지나쳐 버리면 그 순간뿐입니다. 물론 그 순간 행복하고 감사하면 그것도 의미가 있습니다. 하지만 여행에서 보고 들은 것을 기억하고 의미를 부여하여 글로 표현하면 매사에 현상을 바라보는 시각이 더욱 깊고 풍부해질 수 있습니다.

또한 모든 글은 구조를 짜야 한다고 말했습니다. 기행문도 마찬가지입니다. 글을 쓰기 위해 구조를 짜고 문장을 매끄럽게 쓰기 위해 고심하는 동안 글쓰기의 효과가 고스란히 아이에게 전달됩니다. 다 읽고 고쳐 쓰는 과정도 마찬가지입니다.

기행문 쓰기는 어떻게 지도하면 좋을까요? 먼저 여행 기록지를 만들면 좋습니다. 아이들의 기억은 오래가지 않습니다. 어제 했던 일도 잊어버리기 일쑤지요. 그래서 여행하면서 메모하는 습관을 들이라고 말합니다. 기록지는 기행문을 쓰는 데 바탕이 됩니다. 여행 기록지를 만들고 메모하는 방법을 알아볼까요?

　　모든 부모는 독서 코칭 전문가가 될 수 있습니다

날짜 20 년 월 일,		여행 장소 : 제주도
간 곳 (여정)	보거나 들은 것(견문)	감상(느낌이나 생각)
오멍가멍 책방	오멍가멍-'오고 가다'의 제주도 방언, 오면서 가면서 책을 읽을 수 있다는 뜻, 대여는 불가능하다고 함, 책을 읽을 수 있는 곳이 창가에 있음, 신작 도서도 있음	책 읽는 곳이 창가에 있어서 밖을 보면서 책 읽는 기분이 좋음. 카페 같은 공간도 있어서 아늑하고 포근한 분위기.
남국사	수국꽃, 삼나무, 작은 연못, 연잎	보라색 수국꽃이 정말 예쁨, 삼나무가 있어서인지 시원한 느낌, 할머니 집에 수국이 많이 있어서 할머니가 생각남, 조용하고 한적해서 가족과 대화하며 걷기 좋았음
오설록 티뮤지엄	녹차밭, 한국 최초의 차(茶) 전문박물관이라고 함, 녹차로 만든 음식	녹차밭이 펼쳐진 걸 보니 마치 초록색 파도 같음, 최초의 차 박물관이라는 말에 차 박물관이 또 어디 있는지 궁금함, 녹차를 원래 좋아하는데 괜히 더 맛있게 느껴짐, 사람이 너무 많은 건 아쉬웠음
여행 후 전체적인 감상		

제주도를 여행했다면 다음과 같이 여행 기록지를 쓸 수 있습니다. 양식을 미리 여러 장 만들어 두고 여행 때마다 활용하면 됩니다. 독서록처럼 여러 번 실천하다 보면 기록들이 쌓이는 것에 뿌듯함을 느끼고 자꾸 채우고 싶은 마음이 듭니다. 여행 기록지를 채우고 나면 여행에서 돌아와서 여정의 순서에 따라 보고 들은 것을 적고 감상을 이어서 쓰면 됩니다. 특별한 형식이 있는 글이 아니기 때문에 기록지의 흐름에 따라 쓰면 충분합니다. 논설문이나 요약하는 글에 비해 일기와 생활문처럼 가볍게 쓸 수 있기 때문에 아이들의 거부감도 훨씬 덜합니다. 여행을 갈 때마다 적을 수 있으므로 지속 가능성도 높습니다.

기행문에서 무엇보다 중요한 것은 감상입니다. 독서감상문이 책을 읽고 난 생각과 느낌을 적기 위한 글이듯이 기행문은 여행에서 감상을 적기 위한 글이라고 생각하면 됩니다. 여정이나 견문만 늘어놓으면 그냥 사진으로 남기는 것과 다를 바 없습니다. 굳이 글로 쓸 이유가 없지요. 아이가 감상 부분을 풍성하게 적을 수 있도록 도와주면 좋습니다. 여행의 기분을 나만의 표현으로 영원히 남겨두는 것, 그것이 얼마나 멋진 일인지 아이들이 스스로 느낄 기회를 주고 싶습니다.

▲ 실천 포인트

· 초등 고학년 – 여행 기록지 출력하기

여행을 갈 때마다 챙겨가서 메모하기

여행에서 돌아와서 기록지를 보며 글로 옮겨적기

감상을 풍부하게 적을 수 있도록 이야기 해주기

우리 아이도 가능합니다.

꾸준히 글쓰기를 한 아이들은
얼마나 멋진 성장을 할까요?
실제 아이의 사례를 읽어 보고
우리 아이의 미래를 그려보면 좋겠습니다.

중등 수행평가에서 A를 받았어요

초등 6년 과정을 마치고 중학교에 가게 되면 아이들은 여러 가지로 피곤한 나날을 보내게 됩니다. 일단 초등학교 때에는 겪어 보지 못한 중간고사와 기말고사를 치릅니다. 단원 평가 정도만 경험해 본 아이들이 이틀에서 길게는 나흘까지 수업하지 않고 하루 종일 시험만 치는 경험은 13년 인생에 없었던 일입니다. 중학교 1학년 첫 시험인 1학기 중간고사를 치는 기간이 다가오면 아이들뿐만 아니라 부모도 덩달아 마치 수능이라도 보듯이 긴장의 연속입니다. 처음으로 치러지는 상대평가에 아이들도 엄마도 '점수'라는 두 글자 때문에 신경이 날카롭습니다. 이러한 중간, 기말고사의 점수에 영향을 미치는 것이 있습니다. 바로 수행평가입니다.

수행평가라고 하면 글쓰기를 많이 떠올리게 됩니다. 그래서 흔히 수행평가는 국어에만 있다고 생각하기 쉽습니다. 그러나 수행평가는 국어뿐만 아니라 영어, 수학, 사회, 과학, 도덕, 정보, 음악, 미술 등 모든 과목에서 치르게 됩니다. 수행평가란 학생들이 학습 과제를 수행하는 과정부터 결과까지 선생님이 직접 관찰하고 그 결과를 토대로 학생의 능력을 판단하는 평가 방식입니다. 수행평가 점수와 지필고사(중간 · 기말고사) 점수를 합산하여 최종 내신 점수를 산출합니다. 수행평가는 정답을 선택하는 시험으로 아이들을 평가하는 것이 아니라 능동적으로 수업에 참여하는 과정을 중요하게 평가합니다. 창의적이고 자기 주도적인 아이에게 높은 점수를 주는 것이지요.

수행평가의 비중을 살펴보면 주요 과목은 30% 이상, 예체능은 최대 70%~80%까지 아주 높은 비중을 차지하고 있습니다. 지필고사를 아무리 잘 쳤다고 하더라도 수행평가에서 높은 점수를 받지 못한다면 전체 점수가 낮아질 수밖에 없습니다. 특히 국어 과목의 경우 수행평가의 비중을 50%로 높게 두는 곳도 있기에 중요성이 더욱 강조됩니다.

수행평가의 유형에는 서술형, 논술형, 과제형이 있습니다. 서술형과 논술형 모두 글을 쓰는 평가 방식으로 주제에 따라 자기 생각을 논리적으로 짜임새 있게 전개해야 좋은 점수를 받을 수 있습니다. 과제형 역시 포트폴리오나 보고서를 작성해야 하므로 글쓰기는 피할 수 없는 영역이 되었습니다.

실제 중학교 1학년 1학기 수행평가 내용들을 살펴보겠습니다.

평가 영역		평가 방법
국어	(논술) 삶과 경험을 바탕으로 하여 독후감상문 쓰기	학생들이 책을 읽고 '새롭게 알게 된 내용(또는 깨달음) 2가지를 그것이 자신에게 왜 의미 있게 다가왔는지 근거를 들어 설명하고, 책을 읽고 생긴 궁금증 한 가지와 그것이 자신에게 왜 해결해야 하는 궁금증으로 다가왔는지 근거를 들어 설명하고 통일성과 응집성을 잘 갖추고 오탈자, 띄어쓰기 오류가 없는 충분한 분량의 완결된 글을 작성하고, 쓰기 과정을 잘 수행할 수 있는지를 평가함
사회	(논술) 관광 산업이 현지에 미친 영향 분석하고 해결 방안 제시하기	관광 산업이 편지에 미친 긍정적 영향과 부정적 영향을 분석하여 평가하고, 현지 관광 지역 정부에게 적절한 제안을 하였는지 평가한다.
과학	(논술) 생물의 다양성이 위협받고 있는 가운데 보전하는 방법에 대한 글쓰기	생물을 분류하는 체계를 설명하고 생물의 다양성이 위협받고 있는 원인을 파악한 뒤, 생물의 다양성을 보전할 방안에 대해 논술한 내용을 평가함

– 대구 대륜중학교 2023년 1학년 1학기 수행평가 안내문

앞서 언급했듯이 국어뿐만 아니라 사회와 과학 과목에서도 논술 수행 평가가 치러집니다. 평가 방법을 읽어 보셨나요? 분명히 쓰기 평가인데 읽기 능력이 부족한 아이는 평가 방법조차 읽고 이해하기 어려울 만큼 까다롭다는 것을 알 수 있습니다. 초등학년 내내 재미있는 창작만 읽고 글을 써보지 않은 아이가 평가 영역과 방법을 읽고 논리적으로 글을 쓸 수 있을까요? 불가능합니다.

글에서 중요한 내용이 무엇인지 파악하면서 읽고, 읽은 글에 대해 생각을 많이 정리해 본 아이들만 가능한 일입니다. 단순히 듣고 암기하는 학습을 하면 무에서 유를 창조해 내야 하는 과제나 글쓰기는 할 수가 없습니다. 스스로 읽고 쓰면서 생각해 보는 절대적인 시간을 가지지 않는다면 머지않아 중학교 1학년에서 바로 어려움을 겪을 수밖에 없습니다.

윤서가 초등학교 2학년 때 책이라는 매개체로 저와 처음 만났습니다. 또래 아이들과 다를 바 없는 밝은 미소를 지닌 아이였지요. 윤서 손을 잡고 저를 찾아온 분은 윤서 아버지였습니다. 아버지와 할머니와 함께 살고 있었던 윤서는 바깥일로 바쁜 아버지를 걱정시키지 않으려는 일찍 철든 아이였습니다. 책 읽기는 어땠을까요? 바쁜 아버지 대신에 할머니께서 윤서의 학습을 돌봐주고 있었기 때문에 책을 제대로 읽어 줄 기회가 없었습니다. 게다가 한글 학습 역시 늦어진 상황이었지요. 저와 이솝우화를 읽었는데 누구나 알 법한 이야기였지만 제대로 이야기하지 못해 자신감이 떨어지고 풀이 죽은 날이 많았습니다. 더구나 아이 대부분이 그렇듯이 너무나 대충 빨리 읽어 버렸기 때문에 책에 재미를 느낄 틈이 없었습니다. 옆에서 한 줄씩 읽고 이야기를 계속 나누었습니다. 읽기 싫어하는 날에는 제가 대신 읽어 주기도 했지요. 사회와 과학책을 읽은 날은 책 전체가 아니라 두세 장 일부만 가지고 그림도 그리고 퀴즈도 내는 활동을 하며 조금씩 '이해'의 즐거움을 알게 해주었습니다. 읽고 싶은 책을 마음껏 골라서 읽고 가면 되니 괜찮다고 격려했더니 윤서도 조금씩 자신감을 얻게 되었습니다. 그렇게 일주일에 다섯 번, 책을 읽고 글을 쓰는 하루하루를 쌓아 갔습니다.

9개월이 지나고 천천히 읽는 법이 익숙해지고 나니 그때부터는 책 읽기에 진심을 쏟아부었습니다. 읽기가 되니 쓰기 실력도 점점 늘었습니다. 어렵지만 써보려고 했고 성실히 즐겁게 썼습니다. 윤서를 만난 지 어느덧 5년이 넘었습니다. 소심하고 자신감이 없었던 꼬마 숙녀가 어엿한 중학생이 되었습니다.

중학교에 가서 처음으로 맞이한 수행평가에서 윤서는 모두 'A'를 받았습니다. 지금도 서점에 자주 들러 읽고 싶은 책을 사고 저에게 들고 와서 책 추천을 해주곤 합니다. 윤서 덕분에 요즘 청소년에게 인기 있는 책이 무엇인지 알 수도 있지요. 며칠 전에는 소설을 쓰고 있다며 짧지만 재미있는 글을 보여주기도 했습니다. 윤서의 글을 읽으면서 힐링할 때가 있습니다. 읽기 쉽고 주제에 맞는 들어가야 할 핵심이 잘 표현되어 있습니다. 주어진 조건에 만족하는 내용을 군더더기 없이 깔끔하게 써내려 갑니다. 지필고사 서술형에서도 감점 요인이 없어 높은 점수를 받을 수 있습니다.

2학년 윤서는 아주 뛰어난 아이였을까요? 아닙니다. 평범하다 못해 오히려 다른 아이들에 비해 부모의 보살핌을 제대로 받지 못한 아이였습니다. 윤서가 5년이 넘는 시간 동안 책을 읽은 시간은 얼마나 될까요? 1,500시간 정도 됩니다. 1,500시간, 이제 중학교 1학년인 아이에게 1,500시간은 얼마나 많은 시간일까요? 오롯이 무언가에 1,500시간을 할애해 꾸준히 한다는 것은 쉽지 않은 일입니다. 윤서가 읽고 쓴 시간이 단순히 몇 달에 그쳤다면 어땠을까요? 지금의 결과를 얻을 수 있었을까요?

저는 윤서에게 습관처럼 꾸준히, 여러 가지 글을 골고루 써온 성실함에 'A'라는 점수를 주고 싶습니다. 제대로 읽고 꾸준히 쓰면 반드시 결과가 나타나게 됩니다. 하루아침에 쌓이는 능력이 아니기 때문에 무엇보다 꾸준함을 장착해야 합니다. 수행평가 'A'라는 결과보다 더 주목해야 할 것은 지속하여 제대로 읽고 매일 조금씩이라도 써보는 성실함입니다. 읽기와 쓰기의 힘은 막강합니다. 막강한 힘은 요행으로 얻을 수 없습니다. 1,500시간쯤은 기꺼이 바칠 자세가 되어 있어야 가능합니다. 책이 좋아지고 쓰기에 자신감을 키우기 위해 읽고 쓰기가 습관이 될 수 있도록 우리 아이가 독서록 한 줄이라도 쓰는 하루를 보내면 좋겠습니다.

　모든 부모는 독서 코칭 전문가가 될 수 있습니다

상장보다 중요한 것

아이를 낳기 전에는 몰랐습니다. 아이의 상장이 엄마의 어깨를 얼마나 올라가게 하는지요. 내 아이는 못 받은 상이 다른 아이 엄마의 프로필에 올라오면 괜히 배가 아프기도 합니다. 실제로 아이를 키워 본 엄마라면 그러지 말아야지 하면서도 머리와 마음이 따로인 것을 경험했을 겁니다. 학교에서 글쓰기 대회가 있을 때면 학원에는 묘한 신경전이 벌어집니다. 따로 전화나 문자를 해서 대회 준비를 부탁하기도 합니다. 충분히 이해합니다. 아이가 상을 받을 거라는 기대를 한다기보다 상을 받아 오면 그 순간은 그 어떤 명품 가방을 선물 받은 것보다 더 기쁩니다. 상을 받은 사람은 아이인데, 참 신기한 일입니다.

요즘 초등학교는 옛날처럼 학습적인 평가를 많이 하지 않습니다. 상을 받으려면 반장이나 부반장 등 임원이 되어 임명장을 받거나 학교가 아닌 교외에서 주최하는 대회에 나가서 우수한 성적을 거두어야 합니다. 초등학교에서 성적 우수로 상을 받는 일은 거의 없다는 말입니다. 상황이 이렇다 보니 학교에서 열리는 글쓰기나 그림그리기 대회는 아이들이 실력으로 상을 받을 수 있는 거의 유일한 통로가 되었습니다.

초등학교 6학년인 세윤이는 초등 6년 동안 상장이라고는 한 번도 받아보지 못한 아이입니다. 저와의 첫 만남은 4학년 초반이었는데 세윤이의 읽기 실력은 2학년 정도였습니다. 4학년은 단계가 업그레이드되듯 전체적으로 학습 난이도가 조정되는 학년입니다. 3학년 때까지 충분한 독서로 읽기 능력을 갖추지 못한 아이는 자기 학년의 교과서를 읽는 데 상당한 어려움을 느낍니다. 이것이 학습 격차로 이어지고 학습 격차는 학년이 올라갈수록 점점 커집니다. 세윤이는 제대로 읽고 쓰는 시간을 많이 가져야 하는 상태였습니다.

세윤이는 내성적인 성격이었습니다. 교우관계가 특별히 나쁘지는 않았지만 나서서 아이들을 이끌거나 재미를 주는 아이는 아니었지요. 그러다 보니 임원 선거에 한 번도 나가본 적도 없었습니다. 떨어지든 말든 일단 나가보는 아이들도 있지만 세윤이는 그게 두려워서 나가지 않았습니다. 그러다 5학년 2학기에 처음으로 반장 선거에 나갔다가 선출되지 못하고는 더 의기소침했습니다. 하지만 세윤이는 책 읽기를 마다하지 않았습니다. 이야기책부터 시작하여 사회와 과학책까지 읽어 보려고 애쓰는 아이였지요. 편지와 일기 쓰기도 곧잘 하였습니다. 그렇다고 의견을 내

세우는 글이나 독서감상문과 같은 글을 회피하는 유형은 아니었습니다. 잘하지는 못해도 묵묵히 쓰려고 노력했습니다.

세윤이가 6학년이 되었을 때였습니다. 하루는 가을을 맞이해 학원 내에서 시 쓰기 대회를 열었습니다. 시는 어휘력이나 논리적인 사고력을 살짝 내려놓아도 충분히 쓸 수 있는 갈래입니다. 특히 긴 글쓰기를 부담스러워하는 아이들에게는 제격입니다. 일단 양에서 부담을 덜 수 있기 때문입니다. 시의 주제는 가을, 친구, 소풍, 가족 등이었습니다. 마음에 드는 주제를 고르면 됩니다. 세윤이는 친구를 주제로 시를 썼습니다. 세윤이의 시를 잠깐 소개해 드립니다.

나는 잘하는 게 없다

그래서 친구도 없다

나연이처럼 공부를 잘하지도 못하고

재우처럼 재밌지도 않다

민우처럼 축구를 잘하지도 못하고

승재처럼 멋지지도 않다

괜찮다

나에게도 친구가 있다

라임 오렌지 나무와 친구인 제제

전쟁이 끝나면 학교에 가고 싶어 하는 안네

B612에 사는 어린 왕자

마음만 먹으면 책을 펼쳐 만날 수 있는 내 친구

'시'라고 하면 일반적으로 떠올리는 것들이 있습니다. 직유법, 은유법, 의인법과 같은 비유적 표현이나 반복을 통한 운율 형성입니다. 혹은 시의 주제를 직접 대놓고 드러내기보다는 함축적으로 드러내야 한다고 생각합니다. 추상적인 개념을 구체적인 사물로 나타내는 상징은 아주 고급스러운 표현 방법입니다. 물론 우리가 교과서에서 만나는 주옥같은 작품들은 이러한 요소들을 포함하고 있습니다. 그런데 과연 이러한 표현상의 특징 때문에 그 작품들을 잘 썼다고 칭송하는 것일까요? 당연히 아닙니다.

비유나 상징은 작가가 시에서 드러내고자 하는 주제를 효과적으로 표현하기 위한 장치입니다. 이러한 표현 방법을 쓰기 위해 불필요한 시구를 일부러 넣지는 않았을 겁니다. 다시 말해 화자의 마음을 잘 전달하는 것이 중요하다는 것입니다. 작가를 대신한 화자의 마음이 잘 드러나고 읽는 사람의 마음을 움직였다면 그것이 잘 쓴 시입니다. 다양한 표현 방법은 그 과정에서 동원된 수단에 불과합니다.

물론 초등학교 때는 그러한 표현 방법을 충분히 익혀야 합니다. 방법을 알아야 적재적소에 사용할 수도, 불필요하다면 과감히 뺄 수도 있기 때문입니다. 알고 사용하지 않는 것과 처음부터 모르는 것은 다른 문제입니다. 다만 아이들이 시를 쓸 때 이런 표현 방법을 반드시 넣어야 한다고 강요할 필요는 없습니다. 간혹 수행평가에서 비유나 상징을 반드시 넣어서 시나 시조를 쓰라고 하는 경우가 아니라면 자연스럽게 쓰고 싶은 대로 쓰도록 두어도 괜찮습니다.

다시 세윤이의 시로 돌아와 볼까요? 세윤이의 시는 어떨까요? 비유나 상징 같은 표현상의 특징이 화려하게 많이 보이지 않습니다. 하지만 잘하는 게 없고 친구들에게 인기도 없어 속상한 세윤이의 마음이 충분히 느껴지지 않나요? 책을 통해 만난 다양한 친구가 세윤이의 마음을 위로해 주고 있다는 것도 알 수 있습니다. 저도 읽자마자 마음 한구석이 시큰 아팠습니다. 날카로운 도구에 쿡 찔린 것과 같았지요. 세윤이를 불렀습니다. 지금까지 속상했을 세윤이의 마음을 달래주고 앞으로 지금처럼 성실하게 하면 그걸로 충분하다고 말해주었습니다. 일주일에 세 번, 한 권이지만 제대로 읽고 한 줄이라도 표현해 보는 과정에서 세윤이가 성장하고 있다고 말이지요.

학원에서는 작은 시상식이 열렸습니다. 서른 개의 상장 중 세윤이의 이름도 있었습니다. 세윤이는 자기가 상을 받는다는 사실을 믿지 못했습니다. 6년 동안 한 번도 경험해 보지 못했기 때문입니다. 정말 자기가 맞는지 몇 번이나 확인하는 모습이 어찌나 귀엽던지요. 그날 이후로 세윤이는 조금 달라졌습니다. 학원에 오면 게시판에 붙어 있는 수상자 명단을 하루도 빠짐없이 보고 뭔가 주문을 외듯 고개를 까딱하고는 자리로 갑니다. 세윤이에게 필요한 것은 결과보다는 지금의 성실함에 대한 인정과 격려였습니다.

아이들을 가르치는 일을 하면서 상의 진정한 의미를 깨닫습니다. 상장은 상의 종류가 중요한 것도, 엄마의 어깨를 올려주는 것도 아닙니다. 상을 받고 받지 않는 것도 중요한 것이 아니지요. 하지만 한 가지 확실히 중요한 것이 있습니다. 열심히 노력한 아이에게 주어지는 상은 그 어떤 것보다도 값어치가 있다는 것입니다. 상과는 거리가 멀다고 지레 포기하고 있던 아이가 남들보다 더 많이 꾸준히 썼을 때, 보상으로 주어지는 상을 다른 무엇과 비교할 수 있을까요? 무엇과도 비교할 수 없을 것입니다.

하지만 그것보다 더 중요한 것이 있습니다. 바로 꾸준히 쓰고 있는 현재의 '과정'입니다. 그래서 학원에서는 100권, 200권 독서 기록장에 권수가 채워질 때마다 아이들에게 상장을 줍니다.

'위 학생은 책을 사랑하는 마음으로 책 1,000권 읽기를 달성하여 우수한 독서 성장을 이루었으므로 이 상을 주어 크게 칭찬합니다.'

결과보다는 책을 읽고 있는 과정을 칭찬하는 상장입니다. 학원에서는 글쓰기 결과물이 멋질 때가 아니라 열심히 쓰려고 오랫동안 생각하고 끙끙 머리를 싸매어 본 흔적이 느껴지면 선물 뽑기 기회를 줍니다. 쓰는 과정을 칭찬하는 보상입니다. 글이 지금 당장 멋질 필요가 있을까요? 없습니다. 계속 쓰다 보면 멋지지 말아 달라 애원해도 자연스럽게 좋아지는 것이 글입니다. 거스를 수 없는 진리입니다.

　잘하고 싶은데 잘하지 못해 자신감 없고 위축되어 있는 아이들을 보면 너무 안타까울 때가 많습니다. 타고난 능력을 이길 수 있는 것은 노력과 성실함이라고 합니다. 과정을 칭찬하는 상도 있어야 마땅하다고 생각합니다. 그것은 꼭 상장이 아니어도 됩니다. 부모나 교사의 말 한마디여도 괜찮습니다. 아이가 계속해서 앞으로 나갈 수 있는 원동력이 되어주면 그걸로 충분합니다.

　우리 아이가 글쓰기에서 상을 받았으면 내심 바라는 마음은 너무나 자연스러운 것입니다. 저 역시 그러니까요. 상을 받아 오면 한없이 기쁜 것도 당연합니다. 아이도 마찬가지입니다. 노력한 아이에게 잘했다고 결과를 칭찬하는 상을 주는 것도 당연합니다. 하지만 지금은 비록 멋진 결과물로 상을 받지 못하더라도 열심히 한 자 더 쓰려고 노력하고 있는 과정도 중요하다는 사실을 알려주어야 합니다. 세윤이처럼 잘 쓰지는 못하지만 꾸준히 써보려고 한 노력 말입니다. 그 과정이 없었다면 다른 사람의 마음을 울리는 글을 쓰는 것은 불가능했을 것입니다. 세윤이의 다음 차례는 누구일까요? 성실하게 천천히 제대로 읽고 쓰고 있는 아이라면 누구라도 가능합니다. 언제가 되었든 반드시 결과로 나타납니다. 그 결과가 늦어도 괜찮습니다. 과정을 칭찬해 주는 어른들이 곁에 있다면 말이지요. 오늘도 조금씩 성장하고 있는 우리 아이에게 공감과 칭찬의 한마디 해줄 수 있을까요?

학부모님 이것만은 꼭 기억해 주세요.

읽기보다 어려운 쓰기, 피하지 말고 써야 합니다.

① 쓰기는 읽기보다 고차원적인 사고력을 요구합니다.

② 쓰기를 꾸준히 하면 학습 능력이 대단히 발달합니다.

③ 논리적인 글을 쓰기 위해서는 논리적인 글을 읽어야 합니다.

④ 중·고등학교 수행평가를 위해서는 논리적인 글을 잘 쓸 필요가 있습니다.

⑤ 자기가 쓴 글을 읽어 보고 고쳐 쓰는 것은 글쓰기 실력을 향상하는

　　아주 좋은 방법입니다.

⑥ 다양한 글쓰기 실천 포인트를 반드시 실천해 주세요.

4장

내적 성장을 이루는 독서,
초등 저학년에서 멈추지 마세요

아이와 부모 모두 행복하게 학창 시절을 보내기 위해서는

아이가 자기 주도적으로 학습을 해 나갈 수 있어야 합니다.

내면을 성숙하게 하는 독서, 초등 저학년에서 멈추지 말아 주세요.

독서가 아이의 정신적인 성장을 불러옵니다.

출발점과 속도는 모두 다르기에

우리 집에는 특별한 규칙이 있습니다. 토요일 저녁은 꼭 외식하는 것입니다. 평일 5일 동안 열심히 집밥을 해 먹였기 때문에 토요일 저녁은 저의 주방 휴업의 시간입니다. 제가 가장 손꼽아 기다리는 시간이기도 합니다. 문제는 외식 메뉴를 결정할 때입니다. 두 아들의 입맛이 어찌나 다른지 한 명이 먹고 싶은 것을 말하면 다른 한 명은 어김없이 그 메뉴가 싫다고 말합니다. 외식 메뉴를 정하면서 벌써 지치고 맙니다. 첫째는 김치를 싫어하고 둘째는 김치 킬러입니다. 점심으로 라면을 먹을지 짜장라면을 먹을지 결정하자고 치면 일부러 짠 듯이 서로 다른 것을 선택합니다. 심지어 좋아하는 소스까지 달라 첫째는 마요네즈를, 둘째는 케첩을 좋아하니 같은 배에서 나온 게 맞나 싶은 정도입니다. 식성만 다를까요? 성향은 또 얼마나 다른지 모릅니다. 형제끼리 싸우다가 혼을 내면 첫째는 눈물을 뚝뚝 흘리며 어쩔 줄을 몰라 하고 반면에 둘째는 씩씩하게 혼나고 쿨하게 사라집니다.

형제나 남매, 자매를 키워 본 부모라면 같은 부모 아래 아이들도 얼마나 다른지 잘 알게 됩니다. 빨리 대충하는 습관을 지닌 아이도 있고 천천히 꼼꼼하게 하는 습관을 지닌 아이도 있습니다. 수학 머리가 있는 아이도 있고 수학보다는 언어가 발달한 경우도 있습니다. 같은 배에서 나온 아이들도 다른데 피 한 방울 안 섞인 타인은 어떨까요? 친구나 직장동료와 만나거나 혹은 학교 학부모들을 만나는 자리에 나가본 경험은 누구나 있지요? 혹은 지금 우리 아이의 친구 엄마 한 명을 떠올려 봐도 괜찮습니다. 나와 비슷한 생각을 하는 사람들도 있겠지만 도저히 나의 상식으로는 이해하기 어려운 사고방식을 가진 사람도 있습니다. 나와 타인의 학습 능력도 모두 다릅니다. 그만큼 세상에는 다양한 사람이 있다는 말이지요. 아이들도 마찬가지입니다. 100명이 있다면 100명이 모두 천차만별입니다. 태어나면서부터 선천적으로 가지고 있는 것도 다르고 자라면서 처한 환경도 다르기 때문에 같을 수가 없습니다.

아이들을 코칭하면 더욱 절실히 깨닫게 됩니다. 똑같은 1학년이지만 글자를 아주 유창하게 읽는 아이도 있고 전혀 읽지 못하는 아이도 있습니다. 한글을 가르치지 않았는데도 스스로 깨치기도 하고 한글 학습지를 3년 동안 하고 있는데 한글이 아직 익숙하지 않은 아이도 있습니다. 어떤 아이는 태어나서 영재 소리를 듣고 어떤 아이는 학습 부진아 소리를 듣습니다. 초등학교 3학년 아이가 방정식을 풀기도 하고 5학년 때까지 언어 치료를 받으러 다녀야 하는 안타까운 상황도 있지요. 아이들 모두 가지고 태어나는 것이 다르다는 사실을 인정해야 합니다.

아이들이 학원에 오면 읽어야 할 영역의 책이 정해져 있습니다. 하루는 사회, 창작, 명작을 읽어야 한다면 하루는 과학, 자연 관찰, 한국사를 읽어야 하고 또 다른 날에는 세계사, 전래고전, 신문, 예술 등을 읽어야 합니다. 그런데 세 개의 영역을 골고루 모두 읽고 가는 아이가 있는가 하면 한 영역의 책도 제대로 읽지 못하는 아이도 있습니다. 책의 권수가 중요한 것이 아니라 한 권을 읽더라도 제대로 읽는 것이 중요하기 때문에 아이의 읽기 능력과 속도에 맞추어 읽도록 합니다. 세 권의 책을 모두 읽는 아이는 읽기 능력이 높아 정독하는 시간이 빠릅니다. 빨리 읽은 것 같지만 내용을 제대로 파악하고 글쓰기에도 자기 생각을 조리 있게 잘 표현합니다. 반면에 읽기 능력이 아직 부족한 경우에는 한 권의 책을 제대로 읽는 데 많은 시간이 필요합니다. 아이마다 가진 능력이 모두 다르므로 독서의 효과를 얻는 시간도 모두 다르다는 뜻입니다.

지능은 선천적으로 타고나는 비중이 크다는 연구 결과가 많습니다. 하지만 지능이 높다고 해서 공부를 잘하는 것은 절대 아닙니다. 실제 교육 현장에 있으면 더욱 실감합니다. 학습 능력은 아이의 학습 태도와 관련이 있습니다. 아이가 얼마나 엉덩이 무겁게 많은 시간을 투자해서 스스로 읽고 생각해 보느냐가 중요하다는 것입니다.

읽기 능력이 발달한 아이들은 학원에 있는 1시간에 3권의 책을 읽는다고 가정한다면 주 3일 학원에 오면 한 달간 36권의 책을 읽을 수 있습니다. 그에 반해 그렇지 못한 아이들은 12권의 책밖에 못 읽는다는 계산이 나옵니다. 1시간에 한 권밖에 못 읽는다고 가정했을 때입니다. 그러면 후자의 아이들은 어떻게 해야 할까요? 방법이 없을까요? 당연히 방법이 있습니다. 잘 읽는 아이들이 10권 읽을 때 20권 읽고 20권 읽을 때 40권을 읽으면 됩니다.

그만큼 책을 읽는 절대적인 시간을 많이 가져야 한다는 말입니다. 잘 읽을 수 있는 아이가 1시간에 3권의 책을 읽는다면 선천적으로 이해하는 능력이 조금은 부족한 아이는 1시간에 1권, 2시간에 2권, 6시간에 6권을 읽으면 됩니다. 즉 잘 읽는 아이가 3권 읽을 때 6시간을 들여 6권을 읽으면 된다는 말입니다. 물론 쉽지 않은 방법입니다. 그러나 이것이 유일한 방법입니다. 그 어떤 일타강사가 와도 해결해 줄 수 없는 학습 능력을 올릴 수 있는 유일한 방법이지요. 처음에도 말씀드렸듯이 시험장에 시험을 보러 가는 사람은 아이입니다. 선생님이 대신 가줄 수 없지요. 읽기를 다른 사람이 대신 해줄 수는 없습니다. 하지만 너무 염려하지 않아도 됩니다. 앞서 소개한 은우처럼 처음에 시간이 오래 걸리더라도 오랜 시간 반복하다 보면 처음보다 점점 시간이 단축된다는 것을 느낄 수 있습니다.

다만 그 절대적인 시간을 가지지 않는다면 아이는 점점 더 커지는 학습 격차로 힘들어질 수 있습니다.

반면 선천적으로 지능이 높아 이해력이라는 출발점이 조금 앞에 있었다고 하더라도 잘못된 학습 태도나 방법을 가지고 있다면 아무런 의미가 없습니다. 급하게 읽어 버리거나 대충 생각이 빠진 글쓰기, 혹은 듣기 위주의 공부를 하고 있다면 지능이 아무리 높더라도 한계가 있습니다. 그래서 지능과 성적과의 관계는 절대로 정비례가 아니라는 것입니다. 토끼와 거북이 이야기를 생각하면 쉽게 이해할 수 있습니다. 학습하기 좋은 두뇌를 가지고 있다면 제대로 성실한 태도로 읽고 쓰는 시간을 가져 날개를 달면 됩니다.

세상에 있는 아이들은 같은 아이가 단 한 명도 없습니다. 모두 자기만의 출발점과 속도를 가지고 있습니다. 각자의 속도로 아이들은 매일 성장하고 있습니다. 다만 우리의 눈에는 보이지 않을 뿐입니다. 오래 걸리더라도 천천히 바르게 나아가면 결국 그것이 가장 빠른 방법이 됩니다. 성실한 태도, 하고자 하는 의지만 있다면 느리게 출발한 우리 아이들도 모두 해낼 수 있습니다. 아이를 믿고 읽을 수 있는 환경을 만들어 주세요. 조금은 식상한 '토끼와 거북이' 이야기에 변하지 않는 진리가 숨어 있다는 사실을 잊지 않아야 합니다.

2

학원에 왜 다니는지 모르는 아이들

자기 주도의 사전적 의미는 무엇일까요? '자신의 일을 주동적으로 이끌어 나가는 것'입니다. 자기주도 학습은 무엇일까요? 사전에는 '학습자가 학습 참여 여부 결정, 학습 목표 설정, 학습 프로그램 선정, 학습 결과 평가 등 학습의 전체 과정을 본인의 의사에 따라 선택하고 결정하여 행하는 학습 형태'로 정의하고 있습니다. 정의만 읽어 보면 정말 이상적인 단어가 아닐 수 없습니다. 아이를 키우는 엄마로서 아름답게까지 느껴집니다. 어른도 하기 힘든 학습 목표를 세우고 학습 프로그램까지 고르다니요. 아이가 이렇게만 한다면 세상에 자식 공부로 걱정하는 부모는 사라질 것입니다. 문제는 이상적인 만큼 자기 주도적인 학습을 하는 아이가 많지 않다는 것입니다.

중학교 3학년 세호 어머니는 저를 만나면 한숨을 먼저 내쉽니다. 초등학교 때 독서를 전혀 하지 않았다가 중학생이 되어 너무나 형편없는 점수를 받고는 안 되겠다 싶어 학원에 왔습니다. 세호 나이 열넷, 중학교 1학년이었습니다. 세호를 데리고 읽기를 통해 문해력을 올려보고자 했지만 참 힘들었습니다. 이미 책과 담을 쌓은 지 너무 오래되어서 검은색은 글자요, 흰색은 종이구나 하며 흑백 대비 그림을 보듯이 책을 쳐다보고 있었습니다. 무엇보다 읽고자 하는 의지가 전혀 없었습니다. 엄마는 왜 중학생인 자기를 책으로 가득한 곳에 데려다 놓고 고생을 시키는지 억울해 했지요. 중학생이 읽으면 좋은 현대 소설 중에 제목이 마음에 드는 것으로 골라 읽어 보라고 했습니다. 세호는 마음에 드는 책이 없다고 했습니다. 어쩌다가 한 권을 고르면 그마저도 거꾸로 들고 시간만 보내고 있었지요.

집에서는 어땠을까요? 어머니는 세호와의 싸움으로 전쟁 같은 하루하루를 보내고 있었습니다. 영어 수학은 포기하지 못해 학원에 다니고 있지만 숙제는 전혀 하지 않았고 휴대 전화만 들여다보는 시간이 대부분이었습니다. 아이와 대화해 보았는지 물어봤더니 대화하려고 해도 나가라고 소리 지르고 문을 열어주지 않아 이야기 나누기가 불가능하다고 했습니다. 아직 초등학생 아들을 키우는 저는 혹시 앞으로 나의 모습은 아닐지 가슴이 답답하고 안타까웠습니다. 어떻게든 세호와 어머니를 돕고 싶었지만 뾰족한 방법이 떠오르지 않았습니다.

학원에 있다 보면 세호와 같은 아이들을 종종 만납니다. 학원에는 다니고 있지만 도무지 내가 여기서 무엇을 하고 있는지 모르는 아이들이지요. 이런 아이들은 몇 가지 유형과 특징이 있습니다.

첫째, 읽기 능력이 없어 지금 배우고 있는 학습을 전반적으로 이해하지 못하고 그로 인해 학습 흥미가 떨어진 상태입니다. 읽기 능력이 부족하면 자기 학년의 교과서를 스스로 읽고 이해하지 못합니다. 교과서는 아이가 자기 학년에 맞게 성장하고 있다면 반드시 읽고 이해할 수 있어야 하는 기준과 같습니다. 교과서를 제대로 이해하지 못한다면 영어, 수학, 사회, 과학과 같은 학원에서 배우는 교재의 내용도 이해하지 못할 가능성이 큽니다. 마치 영어를 모르는 아이가 미국인이 다니는 학교에서 영어로 된 교과서로 영어를 쓰는 선생님과 함께 수업하는 상황과 같습니다. 그러니 학원에 와서도 멍하니 있는 경우가 많습니다.

둘째, 내가 무엇을 잘하고 잘 못하는지 전혀 인지하지 못하는 경우입니다. 학원 등록을 위한 학부모 상담을 진행할 때 아이의 독서 상황을 알아보기 위해 설문지를 작성합니다. 항목 중에 우리 아이가 잘하는 과목과 힘들어하는 과목을 체크하는 문항이 있습니다. 부모는 아이가 아님에도 불구하고 거침없이 체크를 잘합니다. 아이들을 코칭 하면 아이가 어려워하고 부족한 부분을 잘 파악할 수 있습니다. 같은 비문학 지문이라도 인문이나 사회와 관련된 지문은 잘 읽는데 유독 과학만 나오면 싫어하고 오답이 많이 발생하는 경우가 있습니다. 반대로 논리적인 글은 잘 쓰는데 생각이나 느낌을 많이 적어야 하는 글을 쓰면 더 이상 쓸 말이 없다고 종이를 하얗게 비워 오는 경우도 있습니다. 어떤 부분을 집중적으로 코칭해야 할지 판단하고 나면 그것에 맞게 수업할 수 있습니다. 그런데 정작 아이는 어떨까요? 아이는 자기가 무엇을 잘 못해서 그쪽으로 힘을 쏟아부어야 하는지 전혀 알지 못합니다. 잘하는 부분은 많은 시간을 투자하지 않아도 되고 부족한 부분은 더 매진해야 하는데 스스로 알지 못하니 부모님이 짜준 스케줄에 따라 움직일 수밖에 없습니다.

셋째, 모든 것을 결정해 주는 부모 밑에서 자라 스스로 생각하여 선택하는 경험을 하지 못한 경우입니다. 세 번째 특징은 저도 가정에서 많이 고치려고 노력하는 부분 중 하나입니다. 첫째는 엄마의 말을 잘 듣는 아이입니다. 하루는 9월 중순이 넘어서자 얇은 겉옷을 하나 챙기면 좋겠다고 생각했습니다. 아직 반소매에 반바지를 입고 다니는 아이들이 혹여나 감기에 걸리지 않을까 내심 걱정이 되었습니다. 바람막이를 하나 꺼내 놓고 입고 가자고 하니 첫째가 괜찮다고 했습니다. 그러나 저는 아이의 말을 들어줄 생각이 처음부터 없었습니다. '답정너'라는 말이 있지요. '답은 정해져 있으니 너는 대답만 하면 돼.'라는 뜻입니다. 바람막이를 왜 입어야 하는지 이유를 일방적으로 설명합니다. 첫째는 결과가 뻔하다는 것을 알고 눈물을 흘리며 바람막이를 입고 갑니다. 아주 잘못된 방식입니다.

아이는 스스로 선택하기 위해서 많은 변수를 생각합니다. 그리고 여러 근거 중 옳다고 생각하는 것을 골라 나름의 판단을 내립니다. 이런 과정은 두뇌를 자극하게 됩니다. 특히 전두엽을 자극하지요. 선택을 하고 나면 그에 따르는 결과에 책임을 질 수도 있습니다. 나의 선택이 최선이 아니었다고 해도 내가 선택한 것이기 때문에 그로 인해 발생한 좋지 않은 결과도 내가 책임을 져야 한다고 배우는 것입니다. 그리고 그런 실패의 경험은 앞으로 아이에게 잘 선택하는 요령을 심어줍니다. 더 깊이 다양한 측면을 고려하는 신중함도 배울 수 있습니다. 그런데 선택의 기회가 없다면 어떨까요? 방금 언급한 과정을 전혀 경험하지 못하게 됩니다. 아이는 자기 주도와는 점점 거리가 멀어질 수밖에 없습니다.

넷째, 지금 공부를 해야 할 필요성을 전혀 느끼지 못하고 앞으로 하고 싶은 것도 없습니다. 자기 주도적이지 못한 아이들은 지금 당장 유튜브를 보는 것이 나의 인생에 가장 큰 행복이라고 생각합니다. 가장 즐거운 것이 있는데 왜 굳이 학원을 다니며 시간을 낭비해야 하는지 이해를 못하지요. 앞으로 하고 싶은 것이 없거나 혹은 생각해 보지 않았기 때문에 미래를 위해 준비해야 할 이유가 전혀 없습니다. 친구보다 다니는 학원이 많으면 그것이 당장 불만이고 고통입니다. 아이는 점점 '자기 자신'을 들여다보려고 하지 않게 됩니다.

요즘 가만히 앉아서 '생각'이라는 것을 하는 우리 아이의 모습을 본 적이 있을까요? 아이들은 아침에 억지로 일어나 졸린 눈을 비비며 밥을 먹고 학교에 갑니다. 학교에 가서 수업을 마치면 바로 학원으로 가지요. 학원이 끝나면 숙제가 아이를 기다리고 있습니다. 숙제를 끝내고 나면 그토록 원하던 유튜브를 보거나 게임을 하는 시간입니다. 게임을 하다가 다음 날 학교 때문에 일찍 자라는 엄마의 잔소리를 듣고 고단한 하루를 마무리합니다.

하루에 단 10분이라도 아무것도 하지 않고 생각을 할 수 있는 시간은 없습니다. 내가 하고 싶은 일은 무엇인지, 왜 공부를 하고 있는지, 어떤 부분이 부족한지, 부족한 부분을 해결하기 위해서는 무엇이 필요한지, 이런 일련의 생각들이 아이를 자기 주도적으로 만드는 출발점입니다.

세호와 가장 먼저 해야 할 일은 대화였습니다. 요즘 가장 좋아하는 관심사가 무엇인지 물었습니다. 특별히 관심이 있는 것은 없었습니다. 유튜브나 게임에 빠져 있는 것도 아니었지요. 그런데 공부에 관심이 하나도 없을 줄 알았던 세호가 의외의 이야기를 꺼냈습니다. 자신이 인문계 고등학교에 갈 성적이 안 될 것 같아서 공부를 포기하고 싶다는 이야기였지요. 다행이었습니다. 세호의 말을 다시 생각해 보면 성적이 된다면 꼭 인문계 고등학교에 가고 싶다는 뜻이 되니까요. 성적이 조금만 오르는 성취감을 맛보면 그것이 공부를 포기할 마음을 거둘 충분한 계기가 될 것 같았습니다.

학원에 왜 다니는지 모르는 아이들이 가지고 있는 특징 네 가지를 모두 바로 잡아야 했습니다. 세호에게 너는 이제 중학교 1학년, 중학교 과정 중 시작 단계라는 사실을 알려주었습니다. 다음 기말고사는 아니더라도 2학기 기말고사에서는 지금 성적의 두 배를 받을 수 있다고 자신감을 주었습니다. 그리고 세호와 지금부터는 휴대 전화를 보는 시간 대신에 오롯이 '생각'이라는 것을 해야 한다고 약속했습니다. 내가 잘하는 과목과 못하는 과목은 무엇인지, 그 원인이 무엇인지 생각해 보고 알려 달라고 했습니다. '읽기 능력 부족'이라는 원인을 파악했다면 지금부터 제대로 열심히 읽어야 한다고 했지요. 그리고 가야 할 학원도 어머니와 함께 의논해서 정하라고 했습니다. 세호는 그러기로 결심했고 저와는 문학과 비문학을 닥치는 대로 읽었습니다. 첫 번째 특징인 읽기 능력을 올리는 것이 급선무였기 때문입니다.

이전과 달라진 점은 무엇일까요? 인문계 진학이라는 목표가 생겼다는 것입니다. 목표가 생기면 앞으로 나아갈 힘이 생깁니다. 네 번째 특징인 목표의 부재도, 두 번째 특징인 나의 현실 파악도 모두 해결했습니다. 세 번째, 선택의 문제 역시 어머니와 대화를 통해 학원을 스스로 결정하므로 해결된 셈입니다. 세호는 아직 자기 주도적인 아이로 성장하는 과정에 있습니다. 결과가 어떻든 당장은 중요하지 않습니다. 자기 주도적으로 무언가를 해본 아이는 실패하더라도 더 나은 방향으로 스스로 방향을 바꿀 수 있기 때문입니다. 세호는 앞으로 독서하면서 생각하고 생각하면서 달라질 것입니다. 목표는 더 선명해지고 자신을 더 객관적으로 바라

보게 될 것입니다. 스스로 선택은 더 확신에 차겠지요.

아이에게 억지로 하기 싫은 학습을 시켜본 부모라면 그것이 얼마나 힘들고 화가 나는지 알 것입니다. 인내심에 한계가 오는 순간이 한두 번이 아닙니다. 공부는 본인이 해야 하는데 부모에 의해, 학교, 학원 선생님에 의해 끌려다니는 학습은 힘을 잃기 마련입니다. 가만히 앉아서 수동적으로 듣는 수업을 하는 것으로도 자기 주도성은 길러지기 어렵습니다. 독서와 자기 주도는 아주 많이 닮았습니다. 내가 생각해서 애써서 읽어야 하는 독서는 엄마의 말이나 교사의 말에 이끌려 다니는 학습과는 전혀 다릅니다. 오롯이 내 생각으로 책을 읽는 것과 내 생각으로 글을 쓰는 것은 '자신의 일을 주동적으로 이끌어 나가는 것'이라는 자기 주도의 정의와 똑 닮았습니다. 아이가 스스로 읽으며 생각할 기회를 만들어 주세요. 그것이 바로 독서입니다. 스스로 생각해 본 아이의 경험이 아이의 자기 주도성을 길러줄 것입니다.

3

자투리 시간 활용 독서, 가족 외식이 가족회의로

요즘 아이들과 얼마나 많은 대화를 나누나요? 주말 식당에 가면 늘 보는 모습이 있습니다. 아이들이 모두 똑같은 형태로 휴대 전화를 보고 있는 모습입니다. 아이가 어리든 청소년이든 예외가 없습니다. 토요일 저녁에 갔던 고깃집에서도, 일요일 낮에 갔던 초밥 뷔페에서도 마찬가지였습니다. 관심을 가지고 보기 시작하면서 아이가 있는 테이블 중 하나라도 가로로 놓인 휴대 전화가 없는 테이블을 찾아보려고 하지만 매번 실패입니다.

이유는 너무나 잘 알고 있습니다. 밥을 먹을 때라도 마음 편하게 먹고 싶은 마음 때문이지요. 특히나 자제력이 아직은 부족한 어린아이들은 어른이 여유롭게 식사를 마칠 때까지 기다려 주지 않습니다. 엄마가 아이 밥을 다 먹이고 그제야 먹으려고 하면 아이는 이미 자제력을 잃고 맙니다. 마치 성격 급한 남편이 혼자서 밥 빨리 먹고 식당 밖에 나가서 기다리며 눈치 주는 것과 같습니다. 칭얼대기 시작하지요. 그러면 식당의 다른 사람들에게 피해가 될까 전전긍긍하며 입으로 들어가는지 코로 들어가는지 모르게 밥을 밀어 넣고 일어나야 합니다.

혹은 엄마 아빠가 하루의 스트레스를 시원한 맥주 한잔에 날려버리려고 하면 시간이 길어지기 마련입니다. 아이들에게는 그 자리가 재미있을 수 없습니다. 빨리 가자는 소리를 하며 엄마 아빠를 못살게 굴겠지요. 상황이 이러니 거창하게 말하면 가정의 평화를 위해서 아이들 손에 휴대 전화를 쥐여줍니다. 요즘은 아이들이 편하게 동영상 시청을 할 수 있도록 휴대 전화를 가로로 세울 수 있는 도구도 많습니다. 거치대만 있으면 어디서든 아이들에게 간편하게 동영상을 보여줄 수 있습니다.

비단 식당의 모습만은 아닙니다. 아동 병원에 가도 마찬가지입니다. 진료를 기다리고 있는 아이들 손에도 어김없이 휴대 전화가 들려 있습니다. 사시사철 아이들이 아픈 계절이 따로 정해져 있지 않습니다. 병원은 늘 아이들로 붐빕니다. 대기 시간이 길어질 수밖에 없지요. 인내심이 부족한 우리 아이들은 또 기다려 주지 못합니다. 병원 여기저기를 돌아다니며 사고를 치지는 않는지 불안합니다. 아이들을 조용하게 앉아 있게 하는 데 휴대 전화 동영상만 한 것이 없습니다.

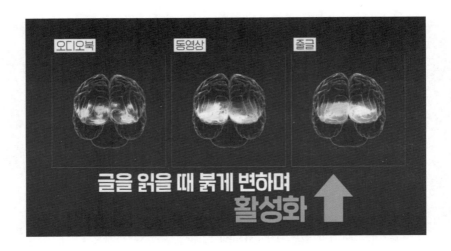

글을 읽을 때 붉게 변하며 **활성화**

– EBS 〈당신의 문해력〉, 2022

사정은 잘 알지만 안타까운 모습임에는 틀림이 없습니다. 오디오북을 듣고 동영상을 시청할 때 우리 아이들 뇌의 모습입니다. 뇌가 파란색을 보일 때는 반응하지 않고 붉은색을 보일 때만 활성화되고 있습니다. 아이의 뇌가 활성화될 때는 오로지 줄글을 읽을 때입니다. 엄마 아빠가 맛있는 음식을 먹는 동안 혹은 아이를 건강하게 하려고 병원에서 기다리는 동안 아이의 뇌는 죽어가고 있는 아이러니가 벌어지는 것입니다.

요즘의 아이들은 대부분 강력한 자극이 없으면 금방 지루해합니다. 앞에서도 언급했듯이 가만히 앉아서 생각하는 시간이 없습니다. 눈앞에 쇼츠 영상이 재생되거나 게임을 하느라 손과 눈이 바빠야 안정감을 느낍니다. 시간을 그저 흘려보내는 것이지요. 그렇지 않으면 도무지 시간을 어떻게 활용해야 할지 모릅니다. 그만큼 게임과 영상에 중독되어 있다는 이야기입니다.

그런데 가만히 생각해 볼까요? 아이가 태어나서 스스로 리모컨 혹은 휴대 전화나 태블릿 피시를 작동해서 동영상을 고르고 재생시켰을까요? 아닙니다. 태어난 지 얼마 지나지 않아 앉아서 숟가락질도 겨우 하는 아이가 마치 얼리어답터처럼 기기를 작동하기는 어려운 일입니다. 동영상을 처음으로 보여준 것은 다름 아닌 부모입니다. 마치 부모가 아이에게 친절하게 손수 동영상을 떠 먹여주는 것과 같습니다. 아이는 그렇게 동영상의 세계에 타의로 입문하게 되는 셈입니다.

'먼저 한 것이 이긴다'는 말이 있습니다. 동영상을 먼저 본 아이는 계속 동영상을 보고 게임을 먼저 한 아이는 게임을 계속합니다. 책을 먼저 접한 아이는 어떨까요? 책을 봅니다. 책을 먼저 접한 아이는 뒤에 다른 영상 매체를 접하더라도 심각하게 빠져들지 않을 가능성이 큽니다. 단순히 처음 접하는 걸로 끝나지 않습니다. 2장에서 언급한 것과 같이 책을 제대로만 읽는다면 책을 좋아하게 될 확률이 높습니다. 책을 좋아하면 책을 계속해서 읽을 것이고 읽은 책 중에 재미있는 책이 '두둥' 하고 등장할 것입니다. 먼저 시작한 독서가 게임을 이기는 것이지요. 이 습관이 고등학교 때까지 잘 이어진다면 우리 아이 학습은 탄탄대로일 수 있습니다.

아이를 키우고 있는 엄마로서 어쩔 수 없는 상황임을 너무나 잘 알고 있습니다. 그래서 충분히 이해합니다. 그렇기에 질타하려는 것이 절대 아닙니다. 우리 아이들이 영상이나 게임보다 책과 조금 더 친해지기를 바라는 마음뿐입니다. 실제로 저는 두 아들에게 병원이나 식당에서 단한 번도 휴대 전화를 보여준 적이 없습니다. 제가 해본 방법을 나누어 주려고 합니다.

방법은 의외로 간단합니다. 병원에 책을 들고 가면 됩니다. 병원에서 기다리는 동안 아이와 정해진 분량을 읽습니다. 그리고 아이와 책 내용으로 대화를 나누면 됩니다. 병원에서는 부모도 휴대 전화를 보는 것 외에 할 일이 없기 때문에 아이와 함께 읽고 대화하면 생각보다 시간이 잘 흘러갑니다. 식당에서는 어떻게 하면 좋을까요? 저는 식당에도 책을 들고 가긴 합니다. 하지만 남편과 맥주 한잔 마시는 시간이 길어지면 시끄럽고 어두운 조명에서 아이들에게 오랫동안 책을 읽으라고 하는 것이 부모의 욕심이라는 생각이 들었습니다. 그래서 요즘은 새롭게 생각해 낸 방법을 실천하고 있습니다. 식당에 가기 전 식당에서 대화할 화제를 하나 준비해 가는 것입니다. 지난주 토요일에는 '첫째의 바이올린 수업을 계속해서 유지할 것인가.'와 '11월에 있을 수학 경시 대회에 나가는 게 어떨까?'를 화제로 정했습니다.

첫째는 6세부터 꾸준하게 바이올린 수업을 하고 있습니다. 5년이 넘는 시간 동안 꾸준히 배우고 있습니다. 바이올린 학원은 첫째 혼자 걸어서 갈 수 있는 곳이 아니라서 엄마나 아빠가 차로 데려다줘야 합니다. 일주일에 두 번 가야 하는데 학원 일이 많아진 저를 대신해서 아이들 아빠가 도맡아 하는 상황입니다. 그런데 남편이 데려다주는 것을 버거워했습니다. 평일에는 일을 하는 도중에 나와야 하고 황금 같은 토요일 오전 시간을 바이올린 수업과 맞바꾸어야 했기 때문입니다. 이 문제로 나눌 대화는 얼마든지 있습니다. 언제까지 바이올린을 배울 것인가, 전공을 할 것도 아닌데 굳이 남자아이가 길게 배울 필요가 있는가, 첫째는 바이올린을 하면서 무엇을 얻었는가, 중학생까지 바이올린을 배우면 어떤 점이 좋을까, 악기를 배우지 않은 엄마와 아빠가 느껴보지 못한 성취감을 첫째가 느끼고 있는 것은 아닐까 등등 무수한 질문을 던지고 이야기를 나눌 수 있습니다. 가족 외식을 가족 회의라고 이름만 바꾸면 간단합니다.

하나의 화제를 가지고 가지고도 식사 시간이 금방 흘러갑니다. 중간에 엄마 아빠의 어린 시절 경험도 이야기하고 아이들의 재미있는 농담과 장난까지 더해지면 동영상 없이도 얼마든지 즐겁게 식사할 수 있습니다.

자투리 시간을 활용해서 책을 읽는 것이 의외로 커다란 작용을 불러올 수 있습니다. 세 가지 효과를 한 번에 볼 수 있지요. 먼저 영상 시청이나 게임 시간을 줄일 수 있습니다. 게다가 독서의 시간을 확보할 수도 있습니다. 책 읽을 시간이 없어서 아이의 독서를 미루고 있다면 더더욱 안성맞춤입니다. 또한 자극 없이도 시간을 활용하는 아이로 만들 수 있습니다. 병원과 식당처럼 일상생활에서 빠질 수 없는 장소에서 독서나 독서 후 대화를 습관으로만 만든다면 아이들에게 얼마나 멋진 선물이 될까요. '시작은 미미하지만, 그 끝은 창대하리라.'라는 이 말이 너무나 잘 어울리는 대목입니다.

좋은 습관, 아주 익숙한 말입니다. 하지만 익숙함에 비해 좋은 습관을 만드는 일은 낯설고 어렵습니다. 확실하게 '좋은 일'은 망설이지 말고 실천해야 합니다. '안 될 거야.' 지레짐작하고 시작하지 않으면 평생 그 습관은 내 것이 될 수 없습니다. 식당이나 병원에서 휴대 전화 영상에 의존하지 않는 아이로 만드는 것은 부모가 어떻게 '시작'하느냐에 달려 있습니다. '처음부터'가 아니어도 괜찮습니다. 지금, 이 글을 읽은 순간부터 시작하여 꾸준히 실천하면 되니까요. 타의로 입문하게 된 동영상의 세계에서 조금씩 빠져나올 때입니다. 현란한 자극 없이도 시간을 활용할 수 있는 아이로 다시 '시작'할 수 있게 도와주면 감사하겠습니다.

멈추지 않는 열정, 아니 독서

학부모 상담을 마칠 때 하는 말이 있습니다. 아이가 학원에 오는 것을 힘들어하면 반드시 알려달라는 당부입니다. 지금부터 저와 어머님 혹은 아버님은 한배를 탔고 아이의 읽기 능력과 인성 함양을 위해 같은 편이 되어야 한다고 말합니다. 아이가 독서라는 세계에 발을 들였다면 끝까지 멈추지 않고 가야 합니다. 아이가 독서를 통해 읽기 능력을 쌓는 것은 소위 말하는 '벼락치기', '단기속성'이라는 단어와는 어울리지 않는 일입니다. 아이마다 출발점과 속도는 다르지만 각자의 속도로 조금씩 문해력을 쌓고 있습니다. 단기간에 효과를 보는 것이 아니지요. 당장 눈앞에 '드라마틱한' 효과를 바라서는 안 됩니다. 그러기 위해서는 아이가 꾸준히 와야 하고 만약에 오기가 싫다면 독서가 싫은 이유를 분명하게 알아야 합니다. 집에서도 마찬가지입니다. 엄마표 독서를 시작했다면 아이가 멈추지 않고 계속해서 할 수 있게 도와주어야 합니다. 책이 싫다면 어떤 이유 때문인지 파악하고 어떻게 하면 좋을지 고민해 봐야 합니다. 제가 제시해 드린 초등 저학년과 고학년 글쓰기 자료를 출력해 두고 일주일에 하나씩이라도 꾸준히 써야 하고 매일 독서하는 것은 당연한 일과가 되어야 합니다.

초등 고학년이 되어 학원을 그만두는 이유 중 대부분은 영어 수학 학원 때문에 시간이 없다는 것입니다. 다르게 말하면 책을 읽을 시간이 없다는 것이지요. 이런 말을 들으면 가장 안타깝습니다. 물론 영어 수학을 다니려면 얼마나 많은 시간이 드는지 잘 알고 있습니다. 과제는 또 얼마나 많은지요. 하루에 영어 단어를 100개씩 외우는 학원도 있습니다. 문제는 영어, 사회, 과학, 수학 모두 읽기 능력 없이는 중학교 고등학교 과정을 좇아갈 수가 없다는 것입니다. 처음에 언급한 것처럼 초등 성적은 중고등으로 이어지지 않습니다. 독서의 중요성을 다시 한번 강조하며 어떻게든 더 읽을 수 있도록 권유해 보지만 영어 수학 학원의 유혹을 이겨내기란 쉬운 일이 아닙니다. 하지만 '잘 알고 있지만'이라는 전제 조건을 과감히 버려야 합니다.

친한 영어 원장님이 들려준 이야기가 있습니다. 학원에 아주 성실한 중학교 1학년 남학생이 있다고 했습니다. 아이는 초등학교 때 책은 읽지 않았지만 중학생이 되어 열심히 해보고자 의지를 불태웠습니다. '한 번

해보자!' 싶어 영어 단어도 열정적으로 외웠지요. 단어 암기에는 아무런 문제가 없었습니다. 문제는 엉뚱한 곳에서 발생했습니다. 암기한 단어로 영어를 한글로 바꾸어 적었지만 번역한 글을 읽고 이해하지 못했던 것입니다. 영어 단어도 국어 단어와 같습니다. 구체적인 사물을 나타내는 구체어도 있지만 추상적인 관념을 나타내는 관념어도 있지요. 'relative equality'는 '상대적 평등'이라는 뜻입니다. 단어를 글자 그대로 암기해서 '상대적'이라는 'relative'와 '평등'의 'equality'를 외웠다고 한들 풀이된 우리말 '상대적 평등'의 뜻을 이해하지 못하면 문제를 풀지 못합니다. 이런 아이들은 열심히 공부하지만 안타깝게도 성적 향상의 폭이 크지 않습니다. 시간이 없다는 상황 때문에 초등 저학년에서 독서를 멈추면 안 되는 이유입니다. 국어가 아닌 모든 과목의 학습 능력을 올리기 위해서 꼭 필요한 것이 독서이기 때문입니다.

아이가 중학생이라면 초등에 비해 시간이 부족한 게 현실입니다. 일단 시중의 비문학 교재를 구입하기를 추천합니다. 비문학 교재의 문제를 잘 풀라는 것이 아니라 비문학 지문을 제대로 읽으라는 뜻입니다. 비문학 지문은 수능 국어 영역에서 '독서'라는 이름으로 출제됩니다. 독서에는 인문, 사회, 과학, 기술, 예술 영역이 골고루 출제되고 비문학 교재는 모든 영역의 지문을 다루고 있습니다. 그러므로 비문학 지문을 통해 읽기 능력을 쌓을 수 있습니다. 중학생이 읽으면 좋은 교양서적도 주말을 이용해 일주일에 한 권씩은 읽으면 좋습니다. 교과서에 실려 있는 현대 고전 소설도 읽으면 금상첨화입니다. 시간이 부족한 중학생을 위한 방법입니다.

아이가 초등학생이면 어떻게 하면 될까요? 망설이지 말고 독서록을 만들고 앞서 소개한 것처럼 천천히 제대로 읽을 수 있도록 도와주면 됩니다. 중학생보다 상대적으로 시간이 많은 초등학생 부모는 지금 아이가 초등학생임을 감사히 여기며 실천해 주어야 합니다. 초등 시절은 좋은 습관을 만들 수 있는 최적의 시기이기도 합니다. 먼저 하는 것, 이기는 것을 독서로 만들기 위해 많이 읽어 주면 좋습니다. 아이가 책을 좋아하게 만들기 위한 가장 확실한 방법이 읽어 주기입니다.

아이가 책을 읽고 글을 쓰면 읽기 능력을 갖추어 문해력이 향상됩니다. 그로 인해 배경지식, 어휘력이 쌓여 학습 능력이 올라갑니다. 학습 능력을 올리고자 책을 읽은 것이 아니어도 자연스럽게 그렇게 됩니다. 그러나 독서의 목적이 잠깐 우리 아이의 학습 능력을 올리는 것이 되면 안 됩니다. 평생 우리 아이가 책을 가까이 두고 자기 계발을 하고 인생에 고민과 걱정이 있을 때 책에서 해답과 지혜를 얻을 수 있는 사람이 되면 어떨까요. 독서 근육이 탄탄하게 만들어진 사람은 쉽게 흔들리지 않습니다. 우리 아이가 지속해서 초등 고학년 아니 고등학생, 성인이 되어서도 책과 가까이하는 평생 독자가 되는 것이 최종 목표이면 좋겠습니다.

그러려면 영어 수학 학원에 독서가 밀려나는 것을 막아주어야 합니다. 영어 수학 학원에 가더라도 독서 시간은 충분히 확보할 수 있습니다. 앞서 말씀드린 자투리 시간을 활용해야 합니다. 남들보다 30분 일찍 일어나서 책을 읽어도 됩니다. 게임과 영상 시청 시간을 독서에 조금 양보하게 해주세요. 초등 저학년에서 독서를 멈추는 순간 우리 아이의 읽기 능력도 함께 멈추게 됩니다. 멀리 볼 수 있는 안목과 오래 기다려 줄 수 있는 인내심을 가진 부모가 아이를 잘 이끌 수 있습니다. 주변의 말들에 흔들리지 마세요. 아이의 공부 그릇이 넓어지도록 즐겁게 책을 읽으며 아이가 성장할 기회를 주는 것이 부모의 역할입니다.

한 권을 끝까지, 성취감 맛보기

집에 책이 얼마나 있나요? 아이를 위한 책부터 어른이 읽는 책까지 책이 없는 집은 없을 것입니다. 이번에는 질문을 조금 바꾸어 보겠습니다. 집에 끝까지 읽은 책이 얼마나 있나요? 방금 세어보았던 책보다 숫자가 훨씬 줄어들지는 않았나요? 저도 읽다가 만 책이 꽤 있습니다. 야심차게 시작은 했지만, 끝을 보지 못한 책들입니다. 이상하게 그런 책들은 다시 손이 가지 않는 경우가 많습니다. 끝내지 못해서 그럴까요? 죄책감까지는 아니라도 뭔지 모를 찜찜함이 남아 있어 다시 손이 안 갈 때가 있습니다.

책을 읽다가 마는 이유는 무엇일까요? 일단 생각보다 재미가 없어서입니다. 글은 독자에 따라 다르게 읽힙니다. 읽는 사람의 가치관이나 경험에 따라 글쓴이가 전달하는 바를 다르게 받아들입니다. 그런 이유로 모든 책이 사람마다 똑같이 재미있을 수는 없습니다. 기대에 못 미치면 뒷심을 발휘하지 못하고 멀찌감치 물려 놓게 되지요. 특히 소설 같은 경우가 그렇습니다. 앞부분에서 흥미를 끌지 못하면 이야기의 중반부로 독자를 끌고 가기 어렵습니다.

또는 한 권을 끝까지 읽어 본 독서 경험이 없어서일 가능성도 있습니다. 사람들은 새해가 되면 책을 열심히 읽어봐야지 다짐하지만 실천하기가 쉽지는 않습니다. 마음먹고 책을 구매하지만 재미있는 드라마나 예능을 제쳐두고 책을 펴고 자리에 앉기도 힘들고 앞부분 몇 장을 읽다가 놓아 버리기 일쑤입니다. 글이 생각보다 어렵고 양이 많으면 더욱 그렇습니다. 이런 일이 반복되면 한 권을 끝까지 읽기가 불가능합니다.

아이들도 마찬가지입니다. 모든 책이 다 재미있을 수는 없습니다. 저 같은 경우에는 자연 관찰 영역이 그렇습니다. 아이들이 자연 관찰 영역을 읽고 오면 퀴즈를 내면서 이야기를 주고받는데 아무리 생각해도 곤충이나 동물들의 생김새, 먹이, 사는 곳과 같은 정보에 썩 흥미가 없습니다. 다양한 영역 중에 책을 고를 수 있다면 절대로 자연 관찰 영역을 고르지 않았겠지요. 자연 관찰에 흥미가 별로 없는 아이는 자연 관찰 책을 끝까지 못 읽을 가능성이 큽니다. 평상시에 곤충이나 동물에 유독 관심이 있는 아이들이 있습니다. 이런 아이들은 아무리 책이 두꺼워도 시간을 들여 꼼꼼하게 읽게 됩니다.

초등 저학년이 읽는 책은 글이 많지 않습니다. 그림도 함께 있지요.

아이들이 큰 거부감 없이 읽을 수 있습니다. 그러다 3학년쯤 되면 차츰 그림이 적어지고 글이 훨씬 길어집니다. 아이들은 내용과 상관없이 검은색 글자가 많이 적혀 있으면 지레 겁을 먹습니다. 그림이 많고 문장이 몇 개 없는 책만 읽으려고 합니다. 이런 아이들도 앞부분을 조금 보다가 뒷부분은 휘리릭 대충 읽어 버리거나 포기해 버리는 경우가 많습니다.

한 권의 책을 끝까지 정독하는 것은 아주 중요한 경험입니다. 엄마 무릎에서 읽으면 1분 만에 다 읽는 그림책은 제외입니다. 초등학교 3학년 이상이 읽을 수 있는 꽤 글밥이 있는 책이어야 합니다. 3학년 정도 되면 예를 들어 초등 저학년 문고인 '그래 책이야' 정도를 끝까지 읽는 경험을 하면 좋습니다. 이야기마다 백 쪽 정도로 구성되어 있다고 생각하면 됩니다.

여기서 절대 잊지 말아야 할 것이 있습니다. 우리 아이의 읽기 능력입니다. 앞서 언급했듯이 아이마다 출발점과 속도, 독서 경험이 모두 다릅니다. 3학년이지만 아직 그림책 수준의 책을 읽을 읽기 능력을 지녔다면 당연히 수준에 맞는 책을 읽어야 합니다. 앞서 강조했던 이야기입니다. '모두 같게', '남들처럼'은 독서 교육을 실패로 끝내는 잘못된 방법입니다. 여기서 '3학년, 100쪽'이라고 말한 이유는 교과서를 읽고 이해하기 위한 평균적인 기준을 말한 것입니다. 즉 3학년이 되면 교과서에 실리는 이야기 글이 그 정도의 길이가 된다는 뜻입니다.

글이 많은 긴 책 읽기를 한 번 성공하면 자신감을 얻습니다. 나도 글이 많은 책을 읽을 수 있구나, 깨닫게 됩니다. 가르쳐주어 배운 것이 아니라 스스로 경험으로 학습하는 것입니다. 아이는 높은 성취감을 얻을 수 있습니다. 성취감은 같은 행동을 계속하여 더 나은 방향으로 발전하는 원동력이 됩니다. 스스로 두려움을 이겨내게 됩니다. 긴 글을 무서워하는 아이들은 의외로 많습니다. 아이의 읽기 능력이 한 단계 성장해서 책의 단계를 올리려고 하면 거부하는 아이들입니다. 이때 한 번만 끝까지 읽는 경험을 하면 그때부터는 계속 성공할 수 있습니다.

글이 긴 책 한 권을 처음부터 끝까지 읽는 경험을 어떻게 하면 좋을까요? 일단 아이가 좋아하는 책을 고르는 것이 첫 번째 조건이자 가장 중요한 조건입니다. 앞서 어른도 재미가 없으면 끝까지 읽기 어렵다고 했습니다. 아이는 더욱 그렇습니다. 아이가 좋아하는 영역의 책을 골랐다면 아이에게 처음부터 끝까지 읽어 주면 됩니다. 아이가 읽는 것이 아니고요? 네, 읽어 주어야 합니다. 단 처음 몇 번만입니다. 아이는 엄마나 아빠의 이야기를 재미있게 들으며 끝까지 책을 함께 보게 됩니다. 이런 경험이 몇 번 반복되면 아이가 다음부터는 스스로 끝까지 읽는 시도를 합니다.

두 번째 방법은 한 권을 오랫동안 읽기입니다. 책 한 권을 골랐다면 매일 읽고 싶은 만큼만 읽도록 합니다. 백 쪽의 책이라면 하루에 열 쪽도 좋고 다섯 쪽도 좋습니다. 열 쪽씩 읽는다면 열흘이 걸리겠지요. 괜찮습니다. 끝까지 읽을 수만 있다면 문제가 되지 않습니다. 이렇게 한 권을 읽고 나면 아이에게 폭풍 칭찬을 해주면 되지요. 다른 책도 이렇게 며칠에 걸쳐 읽도록 하면 됩니다. 그러다 보면 책 한 권을 모두 읽는 기간이 점점 짧아집니다. 어느 날, 아이가 긴 이야기 글 한 권을 한 시간 넘게 붙들고 읽고 있는 모습을 분명히 보게 될 것입니다.

집에 찔끔 읽다 만 책들이 많이 있나요? 집 벽을 가득 채운 책이 아이의 머릿속을 가득 채울 날을 진심으로 응원합니다.

6
친구 따라 강남 가지 않아요

학창 시절의 친구는 참 중요한 부분입니다. 친구는 아이나 부모 모두에게 많은 영향을 줍니다. 아이를 키우다 보면 공부를 잘하고 못하는 문제보다 교우관계 때문에 속상한 일을 더 많이 겪는다고 합니다. 혹여나 아이가 친구들 사이에 따돌림을 당하지는 않는지, 꼭 따돌림은 아니어도 소외감을 느끼거나 상처받지는 않는지 노심초사합니다. 아이들은 친구를 사귀고 소통하는 과정에서 타인과의 관계를 경험하게 됩니다. 특히 고학년이 되면 부모보다 친구를 더 많이 따르기도 합니다. 부모에게 말 못 할 고민을 친구에게 털어놓기도 하고 친구의 고민을 들어주며 좋은 영향을 서로 주기도 하지요. 반면에 친구 때문에 학업에 방해를 받기도 합니다.

5학년 현민이는 학원에 오면 늘 눈물을 보였습니다. 저와 기본적으로

10분 이상 대치 상황을 벌입니다. 이유는 마치는 시간에 있습니다. 원래 수업 시간보다 더 빨리 마치고 태권도 학원에 가야 하기 때문입니다. 태권도 학원에 꿀을 발라 둔 것도 아닌데 왜 1시간 수업 시간을 다 채우기도 전에 빨리 가고 싶어 저와 실랑이를 벌일까요? 현민이가 빨리 태권도 학원에 가고 싶은 이유는 친구 때문입니다. 현민이와 제일 친한 친구가 수업하는 시간에 맞추어 가서 친구와 놀고 싶다는 것이지요.

현민이는 4학년 겨울방학에 독서를 한 번도 제대로 한 적이 없는 상태로 학원에 처음 왔습니다. 4학년이었지만 읽기 수준은 2학년 정도였지요. 쉬운 책 위주로 독서에 흥미를 붙이는 게 우선이었습니다. 문제는 현민이의 마음이 콩밭에 가 있다는 것이었습니다. 태권도 학원이 아니면 그 친구와 놀 시간이 없기 때문에 책 읽는 시간을 줄이고 반드시 일찍 가야 한다는 것이지요. 어머니에게 상황을 알려주고 의논했습니다. 어머니도 그 친구에 대해서 잘 알고 있었고 일찍 보내지 말고 어떻게든 붙잡아 달라고 했습니다.

일반적으로 4학년은 웬만해서는 밖에서 눈물을 보이지 않을 나이인데 현민이는 닭똥 같은 눈물을 뚝뚝 흘렸습니다. 현민이를 상담실로 데려가 이야기를 나누었습니다. 친구와 놀고 싶은 마음은 당연하다, 잘 알고 있지만 할 것을 하지 않고 보내주는 것은 안 된다고 타일렀습니다. 수긍하는 것 같던 현민이는 올 때마다 매번 눈물 바람이었습니다.

며칠 후 어머니에게 전화가 왔습니다. 친구가 영어 학원이 다니기 싫어 학원을 그만두었는데 현민이도 친구처럼 영어 학원을 그만두고 싶다고 떼를 쓴다는 것이었습니다. 그야말로 '친구 따라 강남 간다'는 말이 딱 맞는 상황이었지요. 어머니는 통화 내내 한숨을 스무 번 넘게 쉬었습니다. 자식을 키우는 부모로서 어떤 심정인지 너무나 이해가 갔습니다. 일단 현민이가 책에 흥미를 붙일 수 있도록 지도할 테니 너무 염려 말라고 위로했습니다.

다행히 현민이는 학원에 오는 것 자체를 싫어하지는 않았습니다. 친구 생각이 나기 전까지는 책을 읽었습니다. 4학년이지만 재미있는 창작과 명작 위주의 책을 읽을 수 있도록 했습니다. 같은 고전에도 수준에 따라 책의 종류가 다르니 현민이의 읽기 수준에 맞는 책을 읽으면 됩니다. 재미있는 책을 읽는 순간에는 잠시 친구를 잊고 책에 푹 빠져 읽고 있는 현민이를 보며 조금 더 흥미를 붙이면 읽기 능력도 꽤 올릴 수 있겠다 싶었습니다. 이 대목에서 읽기 능력이 중요한 이유는 학습적으로 성취감을 느끼면 친구에게 쏠려 있는 관심을 다른 곳으로 충분히 분산할 수 있기 때문입니다. 지금 현민이에게는 친구와 노는 것 이외에는 잘하는 것도, 재미있는 것도 없습니다. 내가 잘할 수 있고 좋아하는 것이 생기면 친구가 아무리 유혹하여도 우선순위를 스스로 결정할 수 있는 주체적인 태도를 배울 수 있습니다.

독서는 생각하는 과정이라고 이야기했지요? 생각할 수 있는 힘이 생기면 학습 능력이 올라가는 것뿐만 아니라 '나'를 제대로 보게 됩니다. 자기 주도 부분에서 언급했듯이 내가 지금 어떤 상태에 있는지 무엇을 왜 해야 하는지 생각하게 되면서 다른 사람에게 의존하던 에너지를 나에게 쏟아부을 수 있습니다.

현민이는 쉬운 책으로 시작하여 지식을 전달하는 사회, 과학책까지 점점 글의 분량을 늘려가며 골고루 읽었습니다. 제대로 읽지 않으면 다시 읽어서 이해할 수 있도록 했지요. 읽고 정리하고 생각을 표현하는 과정을 반복했습니다. 안 풀리던 비문학 교재의 문제도 풀리고 정답이 많아지면서 현민이의 표정도 한층 밝아졌습니다. 현민이가 6학년이 되고 처음 맞는 여름, 태권도 학원에 갈 시간이 다 되었는데도 읽고 있는 책을 손에서 놓지 않는 모습을 드디어 보게 되었습니다.

내 아이와 친구들이 함께 모여 문제집을 풀고 책을 읽고 읽은 책을 토론하며 앞으로 어떻게 살아가면 바람직한 삶일까 고민한다면 얼마나 좋을까요? 이런 친구 모임을 본 적이 있나요? 아니 직접 보지 못할 뿐 아니라 들어본 적도 없을 겁니다. 상상에나 존재하는 모습 아닐까요? 하루 종일 게임만 하는 친구도 있고 나쁜 말을 입에 늘 달고 사는 친구도 있습니다. 세상에는 참으로 다양한 사람이 있습니다. 우리 아이는 지금의 친구뿐만 아니라 앞으로 많은 사람을 만나고 관계를 맺으며 살아갈 겁니다. 아이가 친구 때문에 휩쓸려서 끌려다닐 때마다 친구 탓을 할 수 있을까요? 친구를 잘 만나는 것이 중요한 것은 사실입니다. 서로 긍정적인 영향을 주는 친구도 많습니다. 하지만 좋은 친구의 기준이 무엇일까요? 사람은 저마다의 장단점을 가지고 있고 그것은 계속 바뀌기도 합니다. 더 좋은 쪽으로 발전하기도 하고 또는 나쁜 쪽으로 퇴행하기도 합니다. 그러니 처음부터 '좋은 친구'로 단정 짓기도 어렵다는 것입니다.

우리 아이가 만들어 갈 인간관계의 중심은 언제나 '나', 내가 되어야 합니다. 책을 읽고 '나 자신'을 제대로 인식하기 시작하면 주변 상황에 흔들리지 않는 중심이 생깁니다. 중심이 있는 아이는 흔들리지 않는 뿌리 깊은 나무와 같습니다. 이상에 치우친 공자님 말씀이 아닙니다. 교육 현장에서 이런 경우를 수없이 많이 봅니다. 단기간에 친구보다 책이 좋아지고 단단한 아이가 되지는 않습니다. 시간이 필요합니다. 다만 확실히 달라지는 것이 보입니다. 아이 스스로 생각하고 옳고 그름을 판단할 수 있는 시간, 가만히 앉아서 나 자신을 발견해 보는 시간을 갖게 해주세요. 책 읽는 시간이 바로 그 시간입니다. 친구를 따라 강남에 갈지 말지를 아이 스스로 결정할 수 있도록 말입니다.

초등 고학년 한국사, 세계사 읽기

중등, 고등학년이 되어서도 책 읽기는 꾸준히 해야 합니다. 초등 고학년이라면 더더욱 독서를 병행하면서 영어 수학 공부를 하라고 당부했습니다. 초등 고학년은 중학생보다는 상대적으로 시간이 더 많습니다. 이런 황금 같은 시기에 세계사와 한국사 책을 읽으면 많은 도움이 됩니다. 한국사는 초등학교 5학년 2학기에 교과서에 처음 등장합니다. 세계사는 중학교 2학년부터 배우기 시작합니다.

사회과목은 3학년부터 시작하는데 3학년 때는 우리가 살아가는 곳과 살아가는 곳의 모습을 배웁니다. 우리가 살아가는 곳, 즉 고장과 고장의 생활 모습을 배우지요. 동시에 옛날과 오늘날의 도구나 생활 모습이 어떻게 달라졌는지 익힙니다. 4학년은 우리 지역에 대해 학습합니다. 지역을 이해하기 위해 지도를 공부하고 촌락과 도시로 나누어 각각의 생활 모습, 문제점, 교류 등을 알아보지요. 저출산, 고령화, 정보화, 세계화에 따른 변화와 다양한 문화 속 편견과 차별까지 확대하여 생각할 수 있게 합니다. 5학년 1학기가 되면 범위가 더욱 넓어집니다. 우리나라의 위치와 영역, 자연 환경과 인문 환경 등 지리적 특성을 학습하고 인권이 무엇인지 알고 인권 보장을 위한 헌법과 그 외 법까지 배우게 됩니다. 드디어 5학년 2학기가 되면 한국사를 본격적으로 배우게 됩니다. 한국사는 중학교 3학년이 되면 다시 교과서로 배우게 되고 고등학교에 가면 수능에서 치러야 하는 필수 과목으로 50점의 배점을 부여받습니다.

초등학교 사회과목의 각 학년 학습 내용을 살펴보면 우리 주변 작은 고장에서 시작해서 점점 범위가 확대되는 것을 알 수 있습니다. 고장에서 출발하여 우리나라 영토까지 배우게 되면 한국사를 시작합니다. 한국사는 사회과목에서 5학년 1학기까지 배우는 다양한 개념을 이해하고 소화가 되었다는 전제하에 5학년 2학기에 배우기 시작합니다. 한국사를 제대로 이해하기 위해서는 앞서 배우는 개념들을 잘 이해하고 있어야 합니다. 바꿔 말하면 역사를 배운다는 것은 우리 조상들이 살았던 고장, 도구, 생활 모습, 지역, 시대의 변화, 다양한 문화와 제도, 법 등을 통합적으로 배운다는 것입니다.

초등 고학년 때 한국사와 세계사 책을 읽으라고 하는 것은 내용을 암기하기 위함이 절대 아닙니다. 한국사와 세계사 책을 통해 방금 언급했던 사회 개념들을 자연스럽고 깊이 있게 익힐 수 있습니다. 당연히 다른 책과 마찬가지로 문해력을 쌓을 수도 있습니다. 영역이 바뀌었을 뿐 읽기 능력을 쌓을 수 있는 아주 멋진 도구입니다. 그런데 이보다 더 중요한 이유가 있습니다.

역사책에는 많은 사건과 제도, 사상이 담겨 있습니다. 아이는 역사 속에 등장하는 수많은 사건과 시대의 흐름에 따라 변화하는 제도, 사상을 읽고 이해해야 합니다. 이 과정에서 아이의 통찰력이 생깁니다. 통찰력이란 쉽게 말하면 예리한 관찰력으로 사물을 꿰뚫어 보는 것을 말합니다. 심리학에서는 자기를 둘러싼 내적·외적 전체 구조를 새로운 시점에서 파악하는 일, 문제 해결이나 학습의 한 원리로 보고 있습니다. 역사와 통찰력, 어떤 관계가 있을까요?

역사에는 원인과 결과가 고스란히 담겨 있습니다. 꾸며낸 원인과 결과가 아닌 철저하게 실제로 일어난 일들로, 이는 현재를 살아가는 우리에게 많은 점을 시사합니다. 현재의 시점에서 보면 잘못되어 바로잡아야 했던 일도 있을 것이고 지금도 본받아야 할 사상이나 제도도 있습니다. 짧은 시간 얻기 어려운 경험을 천 년이 넘는 우리 역사를 통해 배울 수 있지요.

신라가 삼국을 통일하기 위해 당나라의 힘을 빌린 역사적 사실을 통해 삼국 통일의 의의를 배울 수 있습니다. 우리 역사상 최초의 통일이라는 긍정적인 면과 다른 나라의 힘을 빌리면서 고구려 일부분의 영토를 잃은 불완전하고 자주적이지 못한 통일이라는 부정적인 측면도 함께 생각해 볼 수 있습니다. 조선 후기 사대부들이 예법과 명분에만 빠져 있다가 어떤 사회가 되었는지, 당시 실학이 등장하면서 어떻게 사회가 변화했는지도 알 수 있지요. 조선 사회에 경제 구조가 얼마나 취약했는지, 일제 강점기에 나라를 위해 목숨까지 바친 독립운동가들이 얼마나 거룩하고 위대한지도 느낄 수 있습니다.

개개인의 작은 노력이 얼마나 큰 힘을 발휘하여 세상을 움직이게 하는지를 그 어떤 책에서보다 자명하게 배울 수 있습니다. 당시 우리 조상들의 판단과 결정에 의한 결과가 역사적으로 어떤 평가를 받는지, 어려움이 닥쳤을 때 어떤 노력으로 극복했는지도 배웁니다. 한 사람이 아닌 수만 명의 실제 경험을 통해 조상들의 삶의 지혜를 깊이 새길 수 있지요. 단순히 하루 이틀 짧은 시간 일어난 원인과 결과가 아니라 몇백 년에 걸쳐 행해진 일이라 더욱 거시적인 시각을 가지고 바라볼 수 있습니다. 그래서 역사를 '살아 있다.'라고 표현합니다. 과거와 현재를 이어주면서 현재에 더 나은 결정을 할 수 있도록 살아서 옆에서 힌트를 줍니다.

아이는 한국사, 더 넓게는 세계사를 읽으면서 이런 일련의 과정들 속에서 삶의 지혜를 배우고 통찰력을 기를 수 있습니다. 선생님이 옆에서 알려주는 것이 아니라 스스로 읽으면서 터득하게 됩니다. 수업 시간에 선생님이 알려주는 역사적 사건의 정보만을 수동적으로 받아들이는 것이 아닙니다. 실제로 책을 읽고 아이 스스로 생각해야 합니다. 역사 속 사건들에 어떤 의미를 부여할지 결정하는 것은 아이의 몫입니다. 아이의 몫이어야 합니다. 읽고 의미를 부여하는 그 과정에서 사고력, 살아가는 지혜, 통찰력이 길러지기 때문입니다. 통찰력을 지니면 그저 아는 것, 꿰뚫어 보는 것으로 끝나지 않습니다. 통찰력의 정의에서도 짐작할 수 있듯이 '문제 해결력'으로 연결됩니다. 내 앞에 맞닥뜨린 문제를 현명하고 지혜롭게 해결하면서 현재의 삶을 발전시킬 수 있습니다.

단순히 한국사 세계사 책 몇 권 읽는다고 가능한 일은 아니겠지요. 여기서도 꾸준함이 답입니다. 한국사와 세계사 책을 꾸준하게 읽고 끊임없이 생각해 보는 태도가 중요합니다. 초등 고학년 아이에게 한국사와 세계사를 읽혀주세요. 그리고 이야기를 많이 나누어 주세요. 초등 사회의 깊이 있는 복습, 문해력, 통찰력과 문제 해결력 네 마리 토끼를 잡을 수 있습니다. 과거를 바로 알아야 현재를 바로 살아갈 수 있습니다. 현재를 바로 살 수 있는 현명한 시각을 지닌 아이들이 많았으면 좋겠습니다. 우리의 현재가 다음 세대의 과거가 될 테니까요.

8

글로 된 예술, 문학작품의 가치

얼마 전 김영하 작가가 나온 TV 프로그램을 본 적이 있습니다. 김영하 작가는 자기 소설이 교과서에 실릴 뻔한 적이 있는데 완강히 반대했다고 합니다. 저작권법 제25조 1항은 저작권이 있는 소설도 교과서에는 자유롭게 실을 수 있다고 명시하고 있습니다. 그러나 김 작가는 자기 소설이 교과서에 실리는 것을 반대한 것입니다. 그 이유는 이랬습니다.

"단편 소설을 주로 쓰는데 그걸 잘라서 교과서에 쓰면 안 된다. 프랑스 등에서는 단편을 통으로 읽게 하는데 우리나라에서는 소설 한두 단락만 잘라서 교과서에 싣는다. 처음부터 끝까지 보라고 쓴 글인데 잘라서 일부만 교육하는 것은 문제이다. 작가들은 독자들이 문학작품을 읽는 과정에서 다양한 감정을 느끼고 자기만의 감정을 발견하고 타인을 잘 이해하도록 돕는 것이다."

그러면서 김 작가는 자기 소설 전문이 교과서에 실리거나 부록 형태

로 게재되는 것에는 얼마든지 찬성한다고 말했습니다. (참고: tvN 〈알쓸신잡〉)

　입시 학원에서 수업할 때는 소설 전체를 모두 읽고 수업하지 못하는 경우가 대부분입니다. 소설 일부를 지문으로 이용하여 소설의 특징과 서술의 시점, 주제와 갈등 양상 등을 정리하여 아이들에게 알려줍니다. 요점을 알려주었다면 다음은 순서는 문제 풀기입니다. 문제를 풀면서 작품에서 중요하게 알아야 하는 것들을 다시 한번 정리합니다. 이런 방식이 잘못된 것은 아닙니다. 시간이 부족한 중학생과 고등학생에게 지금 당장 눈앞에 있는 시험을 치기 위해서는 다른 대안이 없습니다. 그런데 우리 아이들이 이렇게 공부해야 하는 소설의 수는 몇 개일까요? EBS 교재에서 50% 연계해서 출제된다고 하더라도 2013년부터는 1980~1990년대 작품도 수록하기 시작하였고 2023년 수능 특강 문학에서는 2000년대 작품이 많이 등장하였습니다. 이런 현실에서 그 수를 세는 것이 무의미합니다.

　즉 내가 알고 있는 소설을 수능에서 만나는 일을 기대하기는 쉽지 않다는 말입니다. 요점 정리를 통해 잘 암기해 둔 소설이 나온다면 다행이지만 처음 보는 소설이 나온다면 어떨까요? 또 같은 작품이라도 EBS 교재에 수록된 부분을 그대로 출제하기보다 수록되지 않은 부분을 출제하는 경우가 많습니다. 알려주는 요점을 암기하는 공부를 한 아이는 처음 보는 소설을 읽고 문제를 풀기란 쉬운 일이 아닐 것입니다. 단순히 요점 정리를 통해 한 공부는 수능에 어울리지 않는다는 것은 이미 앞에서 언급했습니다. 짧은 시간에 처음 접하는 소설을 읽고 출제자가 의도하는 바를 정확하게 추론할 수 있는지, 그 능력을 검증하는 시험이 바로 수능입니다. 알려주는 공부가 아닌 내가 읽어 보고 알아 가는 공부를 해야 하는 이유입니다.

문학작품을 읽는다는 것은 스스로 주제를 추측해 보는 과정입니다. 이영하 작가의 말처럼 요점 정리 속 떠먹여 주는 주제를 그대로 받아먹는 게 아니라 내가 느끼는 바를 스스로 떠서 먹는 행위지요. 그 과정에서 아이는 시대적, 공간적 배경 속 등장인물의 갈등과 감정을 읽어내고 공감하게 됩니다. 소설을 읽는 과정에서 사고력과 추론 능력이 생긴다는 것도 앞서 언급한 이야기입니다. 아이마다 주제가 다르게 다가오기도 하고 등장인물에 대해 다르게 느끼기도 합니다.

중학교 고등학교 문학 학습을 대비하기 위하여 어떻게 하면 좋을까요? 초등 고학년 시기에 중학교 고등학교 교과서에 실린 현대 소설과 고전 소설을 많이 읽어 두는 것이 좋습니다. 학습에 목적을 맞추고 읽기보다는 소설 전체를 이야기 읽듯이 재미있게 읽다 보면 자연스럽게 학습 능력이 쌓이고 고등학교 수능 국어 영역을 대비할 수 있습니다. 아이에게 중학교 내신과 고등학교 수능을 대비하기 위해서 문학작품을 읽어 보자고 하면 부정적인 감정이 들 수 있습니다. 재미있는 창작 책을 읽듯이 읽어 보자고 권유하면 좋습니다. 아직은 초등 고학년 아이에게 어렵게 느껴질 수도 있기 때문에 읽으면서 모르는 단어는 반드시 알려주고 정리하는 것이 좋습니다.

시중에 중학교 교과서에 실린 소설들을 모아서 엮은 교재들이 있습니다. 그런 교재를 활용하면 굳이 모든 책을 구입하지 않아도 됩니다. 주의할 점은 그런 교재 안에도 전문이 수록되지 않은 경우가 있으니 미리 살펴보고 구입하면 좋습니다. 짧은 단편 소설은 대부분 전문이 실려 있지만 소설의 길이가 긴 경우는 일부를 싣고 있으니 그런 소설은 단행본으로 구입하거나 빌려서 읽으면 됩니다.

또 수능에서는 EBS 교재에 수록된 작품이 아니라 해당 작가의 다른 작품을 출제하는 경우도 있습니다. 이런 식의 '작가 연계'는 최근 수능에서 여러 번 등장했습니다. 박남수, 이육사, 김기택, 박경리, 김수영, 정철, 권근 등이 이런 방식으로 출제된 작가들입니다. 이런 작가들의 소설을 찾아서 읽어 보는 것도 도움이 될 것입니다. 수능에는 한 번 출제된 소설이 다시 출제되기도 합니다. 그러니 수능에 한 번 나왔다고 읽을 필요가 없다고 제쳐두지 말고 챙겨서 읽으면 좋습니다.

교과서에 실리고 수능에 출제되는 작품들은 아이들이 읽어 볼 만한 가치가 있다고 인정된 작품입니다. 이런 작품들을 읽으며 작품 속에서 던져주는 여러 가지 가치에 대해 생각해 보고 내 삶에 적용해 보면 됩니다. 소설 읽기의 목적을 입시에 두지 않고 작품성, 교훈성이 뛰어난 작품들을 읽으면서 나만의 주제를 찾는 연습을 해야 합니다. 그리고 작품을 느끼고 감동하면 됩니다.

문학은 여러 가치를 지닙니다. 우선 아름다운 미적 가치를 지닙니다. 비유와 상징과 같은 다양한 수사법으로, 조화로운 운율 등 세련된 문학적 언어로 아름다움을 표현합니다. 대상이 지닌 외적, 내적인 아름다움이나 정서를 구체적인 모습으로 보여주어 문학적 정서를 체험하고 감동하게 합니다.

아이에게 '인식'이라는 것을 하게 합니다. 간접 경험을 통해 기존에 알지 못했던 인간과 세계에 관해 알게 되고 이미 알고 있던 것이라 할지라도 새로운 눈으로 바라볼 수 있게 합니다. 이를 바탕으로 자신의 삶을 되돌아보게 합니다. 특히 교과서에 실리는 작품들은 사람으로서 마땅히 지켜야 할 도리, 즉 윤리 및 도덕과 관련된 가치가 담겨 있습니다. 이러한 가치들을 이해하고 자기 삶과 관련지어 감상하면서 작품이 자신에게 주는 의미가 무엇인지 생각하게 됩니다.

문학은 음악, 미술 등 다른 예술과 달리 글로 된 예술입니다. 문학작품 읽기의 목적을 감상에 두어야 하는 이유입니다. 문학작품의 가치를 내면화하는 과정에서 아이는 정신적으로 한 단계 성장할 것입니다. 초등학교 고학년이라면 중등 교과서 소설 읽기에 도전해 보세요. 굳이 미술

관과 연주회에 가지 않더라고 한 편의 예술 작품을 오롯이 감상할 수 있습니다. 작품을 감상하는 사이 아이의 수능 대비는 절로 이루어질 것입니다.

아이와 장래 희망에 관해 이야기 나눠 본 적이 있나요? 요즘 아이들과 장래 희망 이야기를 나누면 가장 많이 듣는 답변이 있습니다. '되고 싶은 게 없다.'입니다. 장래 희망은 말 그대로 희망입니다. 커서 무엇이 될지, 가져보는 소망 같은 것이지요. 지금 당장 되라는 것이 아니기 때문에 지금 나의 능력과는 별개로 얼마든지 꿈꿔 볼 수 있습니다. 그래서 장래 희망 대신에 '꿈'이라는 말을 쓰기도 합니다. 그런데 장래 희망이 없다니 이야기를 이어 가려다 김이 빠지는 대목입니다.

초등학교 2학년 2학기 통합 교과서에는 직업에 대해 배우는 단원이 있습니다. 우리 마을에 있는 여러 가지 직업에 대해 알아보기 위해 조사도 하고 인터뷰도 해봅니다. 아이들은 이 단원을 통해 직업이 무엇인지 어떤 직업들이 있는지, 직업을 가지면 어떤 점이 좋은지를 자연스럽게 배우게 됩니다. 이 과정에서 나는 어떤 직업을 가지면 좋을까도 생각해 볼 수 있습니다. 그런데 앞서 언급했듯이 요즘 아이들은 '내가 어떤 일을 하면 좋을까?'를 고민하지 않습니다. 물론 어릴 때부터 하고 싶은 일이 뚜렷한 경우도 있지만 드문 일입니다.

꿈이 없는 아이 중에는 세상에 어떤 직업들이 있는지 잘 알지 못하는 경우도 많습니다. 세상에는 얼마나 많은 직업이 있을까요? 한국고용정보원에서 운영하는 '워크넷'이라는 사이트에 들어가면 '한국 직업 사전'이 있습니다. 한국 직업 사전은 우리나라 직업의 총람입니다. 체계적인 직무분석을 거친 직업별 수행 직무와 각종 부가 직업정보(정규교육, 숙련 기간, 작업강도, 자격 면허 등), 직업/산업분류 코드를 제공하고 있습니다. 2020년 한국직업사전 통합본 제5판에 수록된 우리나라 직업 수는 12,823개, 직업명은 16,891개입니다. (2019. 12. 31. 기준) 우리나라에만 만 개가 넘는 직업이 있습니다. 그만큼 세상에는 다양한 일자리가 있고 다양한 인재들을 필요로 한다는 말입니다. 우리 아이들이 할 수 있는 일들이 그만큼 많다는 말이기도 합니다.

둘째 아이가 여덟 살 때 학교 도서관에서 『아홉 살 진로 멘토』라는 책을 빌려왔습니다. 초등학생을 위한 직업으로 보는 인물 이야기입니다. 책에는 일곱 명의 인물이 등장합니다. 과학자, 의사, 디자이너, 교육자, 기업가, 배우, 카피라이터 등의 꿈을 이룬 위대한 인물들을 통해 다양한 직업의 세계를 엿보게 해줍니다. 둘째는 이 책을 다섯 번 넘게 읽었습니다. 인물의 실제 이야기가 재미있었는지 장기려 박사와 유일한에 대한 퀴즈를 몇 날 며칠 내던 탓에 맞히느라 애를 먹었던 기억이 납니다. 이때부터 둘째는 직업에 유독 관심을 갖기 시작했습니다. 하루는 전래고전 중 『박문수전』을 읽고 와서 할 말이 있다며 학원에서 수업하고 있는 저를 몰래 불러냈습니다. 누가 듣기라도 할까 몰래 귓속말로 속삭였습니다.

"엄마, 커서 뭐 할지 정했어."

"뭘까?"

"암행어사가 될 거야."

순간 너무 웃겨서 깔깔 웃어버렸습니다. 암행어사가 되고 싶다고 진지하게 얘기하는 둘째가 귀엽기도 했지요. 그날 저녁 둘째에게 왜 암행어사가 되고 싶은지 물어보았습니다. 둘째는 암행어사가 이 세상에서 가장 힘이 강한 사람처럼 보였다고 했습니다. 암행어사가 마패 하나로 나쁜 짓을 하던 사람들을 벌벌 떨게 하는 모습이 통쾌하다고 했지요. 암행어사가 되어 나쁜 사람들을 혼내주고 돈도 많이 벌 거라고 큰소리쳤습니다. 그러기 위해서 책을 더 많이 읽을 거라고도 했습니다.

'꿈을 가지라'는 말은 어떤 의미일까요? 지금 당장 어떤 일을 해야 한다고 확실히 정하라는 말이 아닙니다. 나는 무엇을 좋아하고 무엇을 잘하는지, 무엇을 할 때 행복한지를 일상생활에서 생각하라는 것입니다.

어떻게 하면 꿈을 가질 수 있을까요? 책을 통해 꿈을 키울 수 있습니다. 실제로 책을 읽으며 꿈이 생기는 아이들을 많이 만납니다. 특히 고학년일수록 더욱 그렇습니다.

초등 5학년인 주아는 『시간을 굽는 빵집』이라는 책을 읽고 심리상담사가 되고 싶다고 했습니다. 책에는 심리 상담과 관련된 내용이 전혀 나오지 않습니다. 다만 등장인물 중 불우한 환경으로 마음이 아픈 비슷한 또래 아이를 보고 마음을 치료해 주고 싶다는 것이 이유였습니다. 4학년 승우는 가상현실과 관련된 과학책을 읽고 바르셀로나에 가지 않고도 실제로 축구 경기장에 앉아서 경기를 보는 것과 똑같은 느낌의 가상현실을 꼭 만들어 보겠다고 선언했습니다. 앞으로 가상현실과 관련된 책은 모조리 읽으려고 할 것입니다.

아이들만의 이야기일까요? 어른도 마찬가지입니다. 사람은 평생 죽을 때까지 꿈을 꾸며 살아갑니다. 직업이라는 밥벌이가 아니더라도 가슴 설레는 일을 꿈꾸며 내가 좋아하는 일을 하기 위해 목표를 세워 다가가는 노력을 할 수 있습니다. 책을 읽고 뒤통수를 얻어맞은 것 같은 문장을 발견할 수도 있고 자신의 삶을 돌아볼 수도 있습니다. 실제로 책 한 권이 인생을 바꾸었다는 이야기도 심심찮게 듣습니다. 『마흔의 돈 공부』라는 책의 저자는 30대 후반, 공기업에서 나와 도전한 사업이 전부 실패하여 모든 것을 잃게 됩니다. 재산도, 가족도 삶의 희망도 없던 그때 우연히 책 한 권을 만나 돈과 사업에 대한 큰 깨달음을 얻고 인생이 완전히 달라졌습니다. 책에는 내가 고민하는 문제의 답이 있습니다. 어떻게 그럴 수 있을까요? 다른 사람의 경험을 통해 나를 다시 제대로 볼 수 있기 때문입니다. 아는 만큼 보인다는 말처럼 많이 읽고 많이 생각해 본 사람은 남들이 보지 못하는 것들을 보는 능력을 지니게 됩니다.

아이들은 책을 보며 꿈을 만들어 갑니다. 위인전을 읽었다면 인물들의 꿈을 향한 도전과 좌절, 성공에 관한 일화를 통해 꿈을 이루는 데 필요한 능력, 마음가짐 등을 배울 수 있습니다. 책을 읽으면서 없던 관심사가 생기고 더 많이 알고 싶은 욕구로 이어집니다. 또 책은 다양한 인물과 다양한 삶의 방식을 간접 경험하게 합니다. 이러한 간접 경험을 통해서 세상의 다양한 모습을 알게 되고 그 안에서 진짜 '나'라는 존재를 인식하게 됩니다. 나를 제대로 인식하면 내가 좋아하는 것, 원하는 것, 잘할 수 있는 것도 발견하려고 애쓰게 되지요. 나를 발견하고 꿈이 생기면 다음 차례는 무엇일까요? 목표를 이루기 위한 노력입니다. 더 많이 알기 위해 더 많이 읽고 더 많이 쓰기 위해 매진할 수 있습니다. 스스로 학습 목표를 세우고 계획도 세우게 됩니다. 아이는 새하얀 도화지를 가지고 있습니다. 독서를 통해 꿈에 대한 밑그림을 그리고 색을 채우기 위해 더 많은 책을 읽어 성장하게 됩니다. 아이의 도화지는 알록달록한 빛깔로 가득 채워질 것입니다. 세상에는 꿈꿀 수 있는 일이 참 많이 있습니다. 우리 아이가 가진 잠재력을 책을 통해 일깨우고 평생 책과 함께 걸어가면서 꿈을 키울 수 있으면 좋겠습니다. 아이의 도화지가 더욱 풍성한 빛깔로 빛날 수 있도록 말이지요.

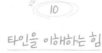

타인을 이해하는 힘

요즘 학교에서 인기 있는 아이들은 어떤 아이들일까요? 학원 아이들에게 물어본 적이 있습니다. 아이들은 인기 있는 아이들을 이야기하기 전에 싫어하는 유형을 알려주었습니다. 수업 시간에 장난이 심하거나 선생님 말을 잘 듣지 않아 늘 지적받는 아이는 대부분 싫어한다고 했습니다. 공부를 잘하지 못하거나 사사건건 화를 내고 대화가 잘 통하지 않는 아이도 마찬가지였습니다. 반면에 흔히 말하는 모범적인 아이는 누구나 좋아한다고 합니다. 특히 단순히 공부를 잘하기보다는 친구들과 이야기도 잘하고 다른 사람 고민도 잘 들어주는 공감 능력을 가진 아이들은 주변에 늘 친구가 많습니다. 실제로 학원에 있으면 아이들의 교우관계를 어느 정도 파악할 수 있습니다.

아직은 자기 학년의 교과서를 읽어낼 능력이 부족한 아이가 학원에 등록하게 되면 꼭 듣는 말이 있습니다. '쟤 학교에서도 그래요.'입니다.

책을 읽으러 왔지만 아직 책이 익숙하지 않고 어렵게 느껴지기 때문에 집중하기가 쉽지 않습니다. 그런 모습이 다른 아이들의 눈에도 보이는 것입니다. 안타까운 일이지만 현실이 그렇습니다. 앞서 언급했듯이 읽기 능력이 부족하면 학교 수업을 따라가기 어렵고 수업 시간에 집중할 수도 없습니다. 모르는 외계어가 가득한데 재미있을 리가 없지요. 그러다 보면 선생님에게 지적받을 일이 많고 친구들은 그 아이를 공부 못하고 집중 못하는 지적받는 아이로 인식하게 됩니다. 이런 아이들의 특징 중 하나는 다른 친구들과 다툼이 잦다는 것입니다. 이해하는 능력이 아직 부족하기 때문에 친구의 이야기를 오해하기도 합니다. 자신의 마음을 조리 있게 전달하지 못하니 자꾸 억지를 쓰거나 화를 내는 경우가 많습니다. 논리에서 밀리면 다음은 떼쓰고 우기기 차례입니다.

반면에 다른 사람의 마음에 공감을 잘하는 아이들은 어디에서나 인기가 좋습니다. 당연한 이야기입니다. 사람들은 나의 말을 공감받기를 원합니다. 육아의 가장 중요한 원칙 또한 '공감'입니다. '아 그랬구나.'라는 한마디면 다음 이야기가 중요하지 않게 됩니다. 공감은 관계에 있어서 아주 중요한 요소입니다.

공감을 잘하는 사람은 어떤 특징이 있을까요? 공감이란 대상을 알고 이해하거나, 대상이 느끼는 상황 또는 기분을 비슷하게 경험하는 심적 현상입니다. 사전적 정의에서도 나오듯이 공감 능력이 뛰어난 사람은 다른 사람을 이해하는 능력을 지니고 있습니다. '그럴 수도 있겠구나, 그래서 그랬구나.'와 같이 다른 사람을 이해해 보려고 노력합니다. 아이들도 마찬가지입니다. 친구의 마음을 잘 이해하는 아이는 공감 능력이 뛰어나고 그렇기 때문에 아이들에게 인기도 있고 교우관계가 좋습니다.

다른 사람의 마음을 이해하는 힘은 어디에서 나올까요? 주연이를 만난 것은 주연이가 초등학교 2학년 때였습니다. 스스로 독서하겠다고 결심하여 학원에 등록한 만큼 똑 부러지는 아이였지요. 주연이의 부모님은 맞벌이를 하였습니다. 실제로 6년 동안 어머니를 단 한 번도 만나지 못했습니다. 늘 일이 바빠서 간간이 문자 정도만 나눌 수 있었습니다. 주연이의 장점은 처음부터 책을 아주 천천히 읽었다는 점입니다. 성격도 느긋했지만 선생님 말을 잘 듣는 아이였기 때문에 '이렇게 해보자.'라고 했을 때 누구보다 잘 따라와 주는 아이였습니다.

5학년이 될 무렵 주연이는 평상시와는 다른 모습을 보이기 시작했습니다. 책을 읽어야 할 시간에 멍하게 앉아 있고 쓰기 활동도 자꾸 미루었습니다. 가르쳐 주는 학원이 아니다 보니 스스로 읽어야 하는데 여러 번 독려 했지만 좋아지지 않았습니다. 처음에는 사춘기가 왔다고 생각했습니다. 초등 5학년, 누가 봐도 사춘기가 올 타이밍이지요. 실제로 5학년 여자아이들 대부분이 그맘때쯤 쉽게 말을 걸기 어려운 포스를 내뿜습니다. 주연이도 그럴 것으로 생각했습니다. 달래도 보고 훈계도 했지만 약

6개월의 시간을 그렇게 흘려보냈습니다. 그러던 어느 날 주연이가 저에게 약을 보관할 통이 있는지 물었습니다. 약 먹을 시간이 아닌데 포장을 뜯어 버린 것이지요. 무슨 약이냐고 물었더니 대답 대신 눈물을 보였습니다.

아이와 이야기를 나누었는데 그제야 부모님이 곧 이혼할 예정이라는 이야기를 털어놨습니다. 스트레스로 섭식 장애까지 있어 정신과 약을 먹고 있었던 거지요.

주연이에게 어설픈 조언이나 위로를 해주는 것이 괜찮을까 싶었지만 자식을 키우는 부모로서 그냥 있을 수는 없었습니다. 오랜 이야기 끝에 그 누구의 잘못도 아니니 주연이의 자리에서 할 수 있는 것에 최선을 다하면 된다고 말해주었습니다. 며칠 후 주연이에게 소설 한 편을 소개해주었습니다. 공지영 작가의 『즐거운 나의 집』입니다.

점점 빨라지는 가족 해체의 흐름 속에서 새로운 가족의 의미를 묻는 이 작품은 18세 여고생이 아빠와 새엄마와 살고 있다가 고3이 되기 전 마지막 십 대를 엄마와 함께 보내기 위해 엄마의 집으로 가면서 이야기가 전개됩니다. 주인공 위녕은 부모의 이혼으로 엄마의 공백을 10년 동안 경험하며 예민한 성장기를 보냅니다. 소설은 가족의 만남과 이별, 행복과 불행, 자유와 인내와 관련된 사건들을 통해 진정한 가족의 의미를 되새깁니다.

주연이도 아빠와 살게 될 것이라고 했기 때문에 주인공과 처지가 비숫할 것으로 생각했습니다. 주연이가 읽으면서 마음의 위로를 받을 수 있다면 좋겠다 싶었습니다. 5학년 여름방학이 끝날 무렵, 주연이는 책이 너무 좋았다고 했습니다. 거짓말처럼 주연이는 전의 모범적인 모습으로 돌아왔습니다. 물론 100퍼센트 책 때문이라고 단정할 수는 없지만 책을 읽고 엄마를 조금씩 이해하는 것 같았습니다. 지금 중학생이 된 주연이는 책을 너무나 사랑하는 공부 잘하는 여학생입니다. 교우관계 역시 좋고 대화를 나누면 즐거운 저의 말동무이기도 합니다.

책은 다른 사람을 이해하는 힘을 키워줍니다. 인물이 왜 그런 선택과 행동을 했는지 처해있는 상황과 관계를 통해 이해하게 됩니다. 세상에는 다양한 가치관과 관점이 존재한다는 사실을 깨닫게 되면서 공감 능력이 자라납니다. 귀 막고 내 말만 하던 아이가 엄마의 마음, 친구의 마음, 선생님의 마음을 들여다보려 시도합니다. 어렵기만 하던 외계어가 조금씩 이해되면서 자신감도 생깁니다. '원래 그런 아이'가 아니라 선생님에게 인정도 받고 친구들과 소통도 잘할 수 있는 아이로 바뀔 수 있습니다. 독서는 타인의 마음을 이해하는 창구가 되어 점점 세상과 소통하는 통로가 될 것입니다.

주연이의 기억에 뚜렷이 남은 책의 한 구절을 소개합니다.

"누가 그러더라구. 집은 산악인으로 치면 베이스캠프라고 말이야. 튼튼하게 잘 있어야 하지만, 그게 목적일 수도 없고, 또 그렇다고 그게 흔들거리면 산 정상에 올라갈 수도 없고, 날씨가 나쁘면 도로 내려와서 잠시 피해 있다가 다시 떠나는 곳, 그게 집이라고. 하지만 목적 그 자체는 아니라고. 그러나 그 목적을 위해서 결코 튼튼하지 않으면 안 되는 곳이라고. 삶은 충분히 비바람 치니까, 그럴 때 돌아와 쉴 만큼은 튼튼해야 한다고."

– 『즐거운 나의 집』, 공지영, 해냄, 2019

책이 못하는 건 무엇일까요? 책을 제대로 읽어 문해력이 쌓이면 학습 능력이 올라갑니다. 학습 능력이 올라가면 모든 과목 성적이 오릅니다. 성적이 오르면 자신감도 올라가지요. 그뿐일까요? 자기 자신을 제대로 바라보고 하고 싶은 일, 더 알고 싶은 것이 생깁니다. 꿈이 생기면 목표가 생기고 앞으로 나갈 힘을 얻지요. 문제에 맞닥뜨렸을 때 현명하고 지혜롭게 해결할 수 있는 문제 해결력도 기를 수 있고요. 방금 주연이처럼 타인을 이해하는 힘까지 길러줍니다. 책이 못 하는 게 있을까요? 독서는 이 모든 걸 가능하게 하는 인생의 버팀목입니다. 아이 인생에 흔들리지 않는 버팀목을 만들어 주세요. 즐거운 나의 집 구절처럼 삶은 충분히 비바람 치니까요.

칭찬의 힘

칭찬 싫어하는 사람이 있을까요? 괜히 민망하고 쑥스러울 수는 있지만 진심으로 칭찬을 마다하는 사람은 아마 없을 것입니다. 칭찬의 힘은 아주 큽니다.

상담할 때 부모와 아이가 함께 오는 경우가 있습니다. 그러면 상담하는 동안 아이는 옆에서 책을 골라 읽습니다. 윤빈이 어머니는 윤빈이의 당시 상황이 너무 걱정되었습니다. 4학년 윤빈이는 궁둥이를 가만히 붙이고 앉아 있기 어려운 아이였습니다. 상담이 진행되는 한 시간 동안 가만히 앉아 있는 시간이 단 1분도 안 됐지요. 그러니 책을 볼 리 만무합니다. 책뿐만 아니라 학교 수업 시간에 선생님께 늘 지적을 받는 것은 일상이고 아이들과 잦은 다툼으로 학교에도 여러 번 불려 갔습니다. 책을 읽으면 가만히 앉아 있는 습관을 들일 수 있지 않을까 간절한 마음으로 찾아오게 된 것이었습니다.

윤빈이와 같은 아이들은 의외로 많습니다. 그런데 윤빈이의 경우 걱정이 되는 부분이 있었습니다. 어머니가 아이가 듣고 있음에도 불구하고 아이의 단점을 너무 직설적으로 말한다는 것이었지요. 윤빈이는 책도 안 읽고 하루 종일 무얼 하는지 알 수가 없다, 엄마 속이 터져나간다, 저놈을 내가 어째야 할지 미칠 것 같다는 말씀을 랩처럼 쏟아 냈습니다. 얼마나 답답하고 걱정이 될까, 백번 이해합니다. 하지만 이런 이야기를 저에게만 하는 걸까요? 아마 윤빈이 앞에서 백번은 했을 겁니다. 윤빈이는 이제 익숙하다는 듯 아랑곳하지 않고 학원 여기저기를 돌아다니기 바빴습니다.

그래도 윤빈이가 잘하는 것이 있을 텐데, 어머니에게 혹시 좋아하는 운동이나 취미는 없냐고 물어보았습니다. 축구를 좋아해서 축구 잘한다는 말은 꽤 듣는 것 같지만 축구 잘하면 무슨 소용이 있냐고 하루빨리 윤빈이가 공부를 잘하기를 바란다고 하였습니다. 윤빈이는 그렇게 학원에 등록했고 저는 그날 윤빈이 잘하는 점 찾아서 하루에 한 개씩 칭찬하기를 목표로 세웠습니다.

윤빈이가 온 첫날, 읽고 싶은 책을 골라 오라고 했습니다. 윤빈이는 읽고 싶은 책이 없다고 했지요. 읽고 싶은 책이 생기려면 직접 책장으로 가서 제목을 읽어 보아야 한다고 했습니다. 가만히 있으면 어떤 책이 있는지 모르니 일단 책장으로 가서 직접 꺼내서 표지도 보고 안쪽 그림도 살펴보라고 했습니다. 윤빈이는 마지못해 책장 쪽으로 가서는 한참 책을 골랐습니다. 한참 후 위인전 중에 펠레를 가지고 왔습니다. 바로 이때지요. 칭찬할 타이밍입니다.

"세상에나 제목도 보고 표지도 구경하면서 정말 읽고 싶은 책을 찰떡같이 잘 골라왔구나, 윤빈이 축구 잘한다고 들었는데 축구 실력이 너무 궁금하다."

윤빈이가 어리둥절한 표정을 지었습니다. 그도 그럴 것이 아직 책을 읽은 것도 아니고 책만 골라왔는데 잘했다고? 어리둥절하고 낯선 느낌이었을 겁니다. 책을 읽으러 가는 윤빈이의 표정이 어땠는지 상상이 갈까요? 세상을 얻은 것 같은 표정이었습니다. 신기하게도 윤빈이는 20분 동안 자리에 앉아 펠레책을 읽었습니다. 윤빈이 11년 인생에 처음으로 있는 역사적인 날이었습니다.

중학교에서 국어 수업을 하던 시절 공개 수업을 준비하게 되었습니다. 어떤 단원으로 준비할까, 고민하다가 문법인 형태소 단원을 선택했습니다. 준비한 대로 수업이 잘 진행되었고 별 탈 없이 마무리되었습니다. 수업이 끝나고 특별히 교감 선생님이 불렀습니다. 교감 선생님은 지금까지 본 공개 수업 중에 가장 잘한 수업이라고 칭찬해 주었습니다. 형태소에 대해 잘 모르는 사람이 수업을 듣고 나면 완벽하게 알 수 있을 것 같다고 덧붙여 주었고요. 그날 저의 기분은 어땠을까요?

독서 학원을 시작하면서 대표님이 늘 하는 말이 있습니다. 원장님들 교육이 있다면 모두 저에게 맡기고 싶다는 것이지요. 별말 아닌 것 같지만 저에게는 일을 하면서 한 번씩 떠 올리며 미소 짓게 만드는 비타민 같은 말입니다. 곱씹어 생각하면서 혼자 흐뭇한 마음으로 웃습니다. 어른이 되어서도 칭찬을 들으면 힘이 납니다.

다른 사람에게 신뢰받는다는 것을 느끼면 책임감이 생깁니다. 학교 교감 선생님, 학원의 대표님의 '잘하고 있어. 잘하니까 믿고 맡기고 싶어.'라는 말을 듣는 순간 '아, 더 잘해야겠구나, 실망하게 하면 안 되겠구나.' 하는 책임감이 생긴다는 것입니다. 아이를 믿어주고 칭찬해 주면 아이는 잘하고 싶은 욕구가 생깁니다. 그 욕구는 아이를 좋은 방향으로 이끌고 가는 에너지원이 됩니다.

사람의 마음을 움직이는 것은 쉬운 일이 아닙니다. 쉬운 일이었다면 배우자도 자녀도 내가 원하는 방향으로 끌고 가기 쉽겠지요. 분명하고 확실하게 좋은 일은 권하고 싶습니다. 그런데 '해라'와 같은 명령의 말로 하면 상대방이 쉽게 할까요? 오히려 부정적인 감정이 들어 더 하기 싫어질지도 모릅니다. 사람의 마음을 움직이는 좋은 방법이 바로 칭찬입니다. 윤빈이가 책을 한 번 읽어 볼까? 하는 마음이 들게 한 것도 칭찬의 힘입니다. 칭찬은 아이를 좋은 방향으로 이끄는 원동력이 됩니다.

아이들은 칭찬을 먹고 산다고 해도 과언이 아닙니다. 실제로 아이들을 코칭해보면 칭찬의 힘을 하루도 빠지지 않고 매일 실감합니다. 인사 대신 오늘 한 머리띠가 잘 어울린다고 하면 아이의 하루 태도가 변합니다. 오늘 유독 글씨가 예쁘면 그것도 칭찬거리가 됩니다. 앉아 있는 자세가 바르면 그 역시 칭찬하면 되고 친한 친구와 옆에 앉아 있음에도 이야기하지 않고 집중하고 있다면 그것도 칭찬거리가 되지요.

칭찬하는 방법이 따로 있을까요? 일단 아이의 결과보다 과정을 칭찬해 주세요. 아주 사소한 일이라도 괜찮습니다. 칭찬하는 사람에게는 사소할지 모르지만 듣는 사람에게는 우주만큼 크게 다가올 수도 있습니다. 칭찬 한마디가 몰랐던 나를 발견하는 말이 되기도 하고 가슴 설레어 잠 못 이루는 말이 될 수도 있습니다. 그리고 구체적으로 칭찬해 주세요. 범위가 작으면 작을수록 좋습니다. 아이가 명확하게 알 수 있도록 칭찬하면 됩니다. 우리 아이를 칭찬하는 것이 익숙하지 않고 어려운 부모는 의도적으로 하루에 한 가지씩 칭찬해야지 마음먹고 실천해 보기를 권합니다.

윤빈이는 이제 어떻게 됐을까요? 칭찬으로 탄력받은 윤빈이는 책을 잘 읽고 있습니다. 책을 읽으면 어떤 변화가 생기는지는 이제 암기가 되셨을 정도로 강조했지요? 윤빈이 어머니의 속이 터져나가는 횟수가 점점 줄어들고 있을 것입니다. 학교에 불려 가는 일도 줄어들겠지요. 아이들은 칭찬에 목말라합니다. 아이들의 칭찬 갈증을 해소해 줄 때 우리 아이가 어떻게 변화하는지 꼭 경험해 보면 좋겠습니다.

마음먹기와 실천하기

'마음만 먹으면 잘한다'는 말 많이 들어보셨지요? 이 말만큼 책임감이 없는 말이 또 있을까요? '마음을 먹는 것'이 가장 어려운 일이기 때문입니다. 마음을 먹지 않는다면 아무것도 하지 않는다는 말이 됩니다. 게다가 마음만 먹으면 진짜 잘할 수 있을까요? 마음은 먹었지만 실제로 해야 잘하는 것이지요. 실제로 행동하지 않으면 백 번 먹는 마음은 아무 소용이 없습니다. 마음을 먹는 것도, 그 마음 그대로 실천하는 것도 어느 하나 쉬운 일은 없습니다.

저의 두 아들 녀석은 책을 참 좋아합니다. 뒤집기도 못 하는 아이에게도 책을 읽어 주었지요. 육성으로 읽어 주는 것이 힘들 때는 세이펜이나 QR코드를 이용하여 다른 사람의 목소리를 빌리기도 했습니다. 어쩌면 저보다 훨씬 실감 나게 읽어 주는 책 읽어 주는 좋은 선생님입니다. 첫째가 11개월이 되었을 때 둘째의 임신 사실을 알았습니다. 만삭이 될수록 몸은 무겁고 아직 두 돌도 안 된 첫째를 안고 먹이고 재우는 일이 점점 버거워질 때였습니다. 어느새 첫째에게 TV를 보여주며 쉬고 있는 제 모습을 발견하게 되었지요. 첫째는 유독 TV에 집중했습니다. 한 번 보기 시작하면 몇 시간이고 눈을 떼지 않고 빠져들었습니다. 그러던 어느 날 TV를 보지 않을 때도 TV 만화를 생각하고 있는 첫째를 보게 되었고 과감한 결정을 하게 됩니다. 남편과 의논 끝에 TV를 없애기로 한 것이지요. 첫째가 만으로 세 살이었습니다.

TV를 보던 시간이 없어지니 힘들어진 사람은 아이보다 저였습니다. 만화 시청을 하던 시간에 아이를 위해 재미있는 놀이를 해야 했지요. 서너 살 아이와 할 수 있는 놀이는 다 했습니다. 퍼즐 맞추기도 하고 그림도 그리고 책도 더 많이 읽어 주었습니다. 둘째가 태어나고 둘이 어느 정도 말이 통할 때가 되니 친구처럼 잘 놀기 시작했습니다. 첫째가 둘째에게 책을 읽어 주기도 하고 둘이 한 줄씩 번갈아 읽기도 했습니다. 그렇게 TV 없는 삶은 첫째가 아홉 살이 될 때까지 계속되었습니다.

아이들이 책을 좋아하게 된 것에 TV가 없었던 환경도 분명히 한몫했다고 생각합니다. 아이가 TV에 집착하는 모습을 보일 때 TV를 없애자는 마음을 먹고 행동으로 실천하지 않았다면 내가 생각하는 방향으로 아이들을 이끄는 데 많은 어려움이 있었을 것입니다.

'아이를 키울 때 반드시 TV를 없애세요.'라는 메시지를 말하는 것이 아닙니다. 각자 중요하다고 생각하는 일이 있을 때 마음먹기와 실천하기를 미루지 말라는 이야기를 하고 싶습니다. 아이에게 독서가 중요하다는 사실을 알았다면 하루 이틀, 일주일, 한 달 미루지 않고 바로 실천을 하면 좋겠습니다.

책의 목차를 1장을 제외하고 크게 세 가지로 나눈 것에는 이유가 있습니다. 학교와 학원에서 국어를 가르쳐 본 경험과 독서 논술 학원을 운영하면서 아이들의 학습에 있어 가장 중요한 것이 세 가지라는 것을 알았기 때문입니다. '읽는 절대적인 시간, 쓰는 절대적인 시간을 중학교 아니 고등학교 때까지 계속 이어가라.' 입니다. 가장 중요한 것은 제대로 읽기입니다. 천천히 읽는 것을 기본으로 하여 일주일에 한두 번은 꼭 쓰기를 할 수 있도록 도와주면 됩니다. 앞서 언급했지만 독서는 단순히 아이의 문해력만 쌓아주는 것이 아닙니다. 책을 오랫동안 가까이하면 아이의 내적 성장이 눈부시게 일어납니다. 그 내적 성장은 아이를 고등학교까지 스스로 행복하게 학습할 수 있도록 이끌어 주는 역할을 합니다.

이 책을 읽는 모든 부모님에게 다섯 가지 작용이 일어났으며 합니다.
첫째, 아이에게 책을 읽는 것이 얼마나 중요한지를 제대로 알았으면 좋겠습니다.

둘째, 아이들에게 책을 제대로 읽을 수 있는 절대적인 시간을 반드시 주기를 바랍니다.

셋째, 아이들이 쓸 수 있는 절대적인 시간도 반드시 주기를 바랍니다.

넷째, 둘째와 셋째를 고등학교 때까지 지속해서 할 수 있도록 믿고 격려해 주세요.

다섯째, 오늘부터 마음먹고 실천하는 것입니다.

구체적으로 도와드리겠습니다.

지금 당장 무엇을 해야 할지 잘 모르겠다면 가장 먼저 우리 아이가 어떻게 읽고 있는지 파악해 보는 것을 첫 번째로 하기를 바랍니다. 아이의 읽기 능력이 어느 정도 인지, 빨리 읽어 버리지는 않는지 아이의 지금 독서 태도를 파악하는 것이 가장 먼저입니다. 읽기 능력이 어느 정도인지 파악하기 위해서 아이의 교과서를 읽어 보게 하고 의미를 얼마나 파악하고 있는지 파악하면 됩니다. 읽는 시간이 너무 빠른데 내용 파악이 전혀 안 된다면 제대로 읽는 방법도 모르고 읽기 능력도 부족할 가능성이 큽니다. 읽기 능력을 제대로 알아야 아이의 독서를 도와줄 수 있습니다.

다음으로 아이만의 독서록을 만들면 됩니다. 독서록 작성 방법은 2장에 나옵니다. 그 외에도 신문 기사를 일주일에 하나 정도 스크랩하고 여행 기록지를 만들면 좋습니다. 일기장도 하나 준비하고 이야기 글 요약하기 틀, 논설문 틀을 만들어서 여러 장 출력해 준비해 주세요. 처음부터

쓰기를 강요하지 말고 아이의 읽기 능력에 맞는 책을 함께 읽는 것을 먼저 해야 합니다. 일단 쓰기 자료는 준비만 해 두는 것입니다. 고학년이라면 아이에 따라 영역별로 골고루 읽을 수 있도록 하면 더 좋습니다.

실천 사항을 적어서 잘 보이는 곳에 붙여두어도 됩니다. 시작해 보면 알 것입니다. 반복하면서 달라지는 아이를 분명히 만날 수 있습니다. 아이들에게 읽고 쓰게 해주세요. 제가 책 한 권을 쓰면서 사고력이 얼마나 더 발달했을까요? 그 어떤 고액의 수업을 들었더라도 한 편의 글, 한 권의 책을 쓰기 위해 끊임없이 생각하는 것을 따라올 수는 없습니다. 아이 스스로 마음을 먹고 실천하도록 내버려 두지 마세요. 부모가 함께 마음 먹고 실천하는 하루를 보낸다면 우리가 모두 독서 코칭 전문가입니다.

13

행복한 독서

초록우산어린이재단은 어린이날 101주년을 맞아 「2023 아동 행복지수 보고서」를 발표했습니다. 아동 행복지수는 아동의 하루를 수면, 공부, 미디어 운동 4개 영역으로 분류하고, 아동 발달과 권리 보호의 관점에서 일상 균형 정도를 지수로 산출한 것입니다. 초록우산어린이재단이 매년 5월경 발표합니다. '2023 아동 행복지수'는 지난해 11~12월 전국 초등학교 5학년부터 고등학교 2학년까지의 아동·청소년 2,231명을 대상으로 실시한 설문을 근거로 작성됐습니다.

아동의 행복도는 4점 만점에 1.66점으로 2021년(1.68점), 2022년(1.70점)과 비교해 가장 낮았습니다. 수면시간은 2021년 8시간 14분에서 2023년 7시간 51분으로 줄었습니다. 공부 시간은 2021년 2시간 27분에서 2023년 3시간 11분으로 증가했습니다.

아동 행복지수를 상·하로 구분하면 행복지수가 낮은(하 집단) 아동이 전체 조사대상자의 87%로 압도적으로 많았습니다. 해당 아동들은 공통으로 4가지 특성을 보였습니다. 저녁에 혼자 밥을 먹는 비중이 더 높고, 집에 혼자 있는 것을 선호하며 늦은 시각에 취침했습니다. 또 대면 활동보다는 온라인에서 관계 맺는 것을 익숙하게 여겼습니다.

아동의 심리·정서 상태도 최근 악화됐습니다. 충동적 자살 생각을 한 아동 비율은 2021년 4.4%에서 2023년 10.2%로 늘었고 같은 기간 우울과 불안 점수는 1.24점에서 1.3점으로 증가했습니다. 자아존중감은 3.11점에서 3.06점으로 떨어졌습니다.

— 초록우산어린이재단, 「2023 아동 행복지수 보고서」, 2023

우리 아이들의 수면시간은 줄고, 공부 시간은 늘었습니다. 행복지수도 87%의 아이들이 낮다고 대답했습니다. 이 말은 아이들의 잠을 잘 시간까지 줄여가며 공부하고 있고 이것이 행복지수에 영향을 미치는 것이라는 결론을 낼 수 있습니다. 거기다 공부 시간은 늘어나는데 모든 아이 성적이 똑같이 향상되지도 않습니다. 학원에 있는 시간, 동영상 강의를 듣는 시간은 분명히 늘고 있는데도 말이지요.

특히 행복지수가 낮은 '하' 집단 아이들의 특징이 저녁에 혼자 밥을 먹고 대면 활동보다 온라인에서 관계 맺는 것을 익숙하게 여긴다는 결과는 무엇을 의미할까요? 학원에 있는 시간을 빼고 그나마 남는 시간은 게임을 하거나 미디어의 동영상을 보는 데 시간을 보냅니다. 바쁜 부모와 대화할 시간은 거의 없습니다.

우리는 아이를 낳고 아이와 행복하기 위해 살아갑니다. 사랑하는 자녀를 불행하게 만들려는 부모는 세상에 없습니다. 그런데 그 과정에서 아이가 행복하지 않다면 뭔가 잘못되고 있는 것 아닐까요?

공부뿐만 아니라 인생을 살아가는 데 있어서 내가 좋아하는 것, 잘하는 것을 아는 것은 매우 중요합니다. 모두 같은 틀 속에 부어 넣고 같은 모양으로 찍어내는 기계에 아이들을 던져두면 안 됩니다. 나와 맞지 않는 틀 속에서 아이는 지치고 맙니다. 각자 다른 모양 다른 색깔을 가지고 다른 향기를 풍기는데 기성품처럼 찍어내는 입시 환경에서 아이는 행복하지 않습니다. 아이가 스스로 자기 자신을 발견할 수 있게 생각하는 시간을 주어야 합니다. 아이가 잘하는 것은 저마다 모두 다릅니다. 아이의 잠재력을 발견하는 일이 중요한 것이지요. 아직은 잠들어 있는 아이의 잠재력을 깨울 수 있도록 부모가 애써 주어야 합니다.

이이와 함께 책을 읽고 이야기 나누고 아이의 감정에 공감하고 마음을 말과 글로 표현하게 해주면 됩니다. 아이는 신문, 사회와 과학책을 재미있게 읽는 동안 추론 능력과 비판적 사고력이 발달하여 학습 능력이 올라갑니다. 소설을 읽고 다른 사람을 이해하고 공감하는 능력이 생기고 역사책을 통해 깊은 통찰력으로 문제 상황을 해결하는 능력이 생깁니다. 내가 좋아하는 것을 발견하게 되고 없던 꿈이 생기기도 합니다. 자기 자신을 바로 볼 수 있게 되면 자기 주도적인 아이가 되고 자기가 좋아하는 것을 향해 목표를 정하고 목표에 다가서기 위해 노력합니다. 이 과정에서 아이는 행복합니다.

독서 교육의 최종 목표는 우리 아이들이 평생 책을 가까이하는 삶을 살아가는 것입니다. 이렇게 생각한다면 급할 게 없습니다. 시작을 미루라는 말이 아닙니다. 시작은 하되 천천히 우리 아이에게 맞게 기다려 주며 함께 걸어가시면 좋겠다는 말입니다. 국어 영어 수학 학원은 정해진 시간에 아이가 직접 정해진 장소로 가야 합니다. 그 시간과 공간에 들어가지 않으면 학습의 기회를 놓치지요. 하지만 독서는 정해진 시간과 장소가 없습니다. 아침 지하철 안이나 점심시간 교실, 가족과 함께 들린 커피 향 가득한 카페도 충분히 훌륭한 장소가 됩니다. 점심시간 잠깐 10분, 병원 진료를 기다리는 20분, 일요일 아침 게임 대신 30분, 미용실에서 머리하는 40분도 충분히 알뜰한 시간이 됩니다. 시간과 장소에 구애받지 않고 얼마든지 미래를 준비할 수 있다는 것입니다. 어디든 책을 펼치는 곳이 도서관이 되고 꿈꿀 수 있는 장소가 됩니다. 하루 잠깐 '틈틈이' 독서는 작지만 큰 힘을 발휘합니다. 가랑비에 옷이 젖듯 아이를 독서에 조금씩 스며들게 만듭니다. 조금씩 자주 반복하는 행동이 습관이 됩니다. 우리 아이가 어디서나 자주 책을 가까이하여 평생 독자, 평생 필자가 될 수 있도록 해야 합니다.

아이들이 책을 읽는 모습을 보면 참 행복합니다. 머릿속이 얼마나 반짝반짝 빛날까, 가슴속에 작은 불씨 큰 불씨가 타오르고 있을까 궁금합니다. 저 아이들이 자라서 세상을 올바르게 이끌어갈 모습, 타인에게 선한 영향력을 끼치며 중심 있는 어른으로 성장할 모습에 설렙니다. 그 길목에서 아이들을 이끌고 있어서 뿌듯합니다. 부모가 이 책을 읽고 저와 함께 우리 아이에게만큼은 독서 코칭 전문가가 될 수 있으면 좋겠습니다. 완벽하지 않아도 괜찮습니다. 마음먹기와 실천하기를 매일 해주세요. 우리 아이들의 평생 읽고 평생 쓰는 삶을 응원합니다.

학부모님 이것만은 꼭 기억해 주세요.

내적 성장을 이루는 독서, 초등 저학년에서 멈추지 마세요.

① 쓰기는 읽기보다 고차원적인 사고력을 요구합니다.

   자기 주도적인 학습을 가능하게 하는 것은 독서입니다.

② 책을 읽으면 꿈이 생기고 타인을 이해하는 힘이 생깁니다.

③ 초등 3학년, 줄 글 한 권을 끝까지 읽어 주어 긴 글에 대한

   두려움을 없애 주세요.

④ 초등 고학년, 한국사와 세계사 책으로 문해력을 쌓으면서 통찰력과

   문제 해결력을 길러주세요.

⑤ 중·고등 학교 문학 작품 전문을 읽어 수능 대비를 하면 좋습니다.

⑥ 초등 저학년에서 독서를 멈추는 것이 독서 교육의 실패 원인입니다.

⑦ 따로 시간 내기가 어렵다면 흘려보내는 시간을 활용해 주세요.

   적은 시간이 막대한 힘을 가집니다.

⑧ 칭찬을 동원해 반드시 독서 코칭을 실천해 주세요.

   아이의 변화 되는 모습을 보실 수 있습니다.

아이를 키우면 시간이 참 빠르게 흐른다고 생각할 때가 많습니다. 처음 뒤집기를 하고 엄마 아빠라는 말을 해 감격스러웠던 적이 엊그제 같은데 어느새 부모와 어깨를 나란히 하는 아이를 보게 됩니다. 아이가 돌이 되면 돌잔치를 하는 경우가 많습니다. 돌잔치의 하이라이트는 뭐니 뭐니 해도 돌잡이가 아닐까요? 제 아이 중 첫째는 돌잡이로 실을 잡았습니다. 돌잔치 사회자가 무엇을 잡으면 좋겠냐고 물었을 때도 실을 이야기했습니다. 돌잡이 물건들은 저마다 의미를 지니고 있습니다. 판사의 의사봉은 법조인이 된다는 뜻이고 청진기는 의사, 돈은 부자가 된다는 뜻이지요. 요즘 등장한 마이크는 아나운서, 연예인 등 남들 앞에 나서는 직업을 뜻한다고 합니다. 그중 실은 무병장수를 뜻하여 건강하게 산다는 의미입니다. 어디까지나 재미로 하는 이벤트지만 물건마다 모두 좋은 의미를 지니고 있으니, 아이의 돌을 축하하며 아이에게 좋은 기운을 주고 싶은 소망이 반영된 것입니다. 첫째가 실을 잡았으면 했던 것은 아이가 건강하게만 자란다면 다른 것은 중요하지 않다고 생각했기 때문입니다. 방긋 웃어주는 미소와 건강하게 자라는 아이를 보는 것만으로도 더 이상 바랄 게 없었습니다.

지금은 어떨까요? 아이에게 바라는 것이 자꾸만 늘어납니다. 학교 단원 평가에서 실수하면 안 되고 수학 레벨테스트에서 높은 점수를 받기 바랍니다. 글씨가 엉망이면 모조리 지워 버리고 다시 쓰게끔 하고 싶은 마음이 굴뚝같습니다. 책상 정리가 안 되어 있으면 잔소리를 장전하고 정조준할 준비를 하지요. 그날 해야 할 과제를 안 했다면 난리가 납니다. '건강하게만 자라다오.' 했던 마음은 온데간데없고 아이의 학습과 태도에 초점을 맞추어 바라는 게 많아집니다. 그러다 아이가 아프기라도 하면 그제야 정신이 번쩍 듭니다.

처음 아이를 만났을 때 했던 마음가짐을 잊어서는 안 됩니다. 무엇보다 중요한 것은 아이의 행복입니다. 행복이 우선입니다. 그렇다고 학습을 무시하고 살아갈 수도 없습니다. 그러면 행복하게 학습도 잘하는 방법이 있을까요? 있습니다. 바로 독서입니다. 아이는 그저 책을 천천히 제대로 읽기만 하면 됩니다. 그러다 보면 재미있고 마음에 쏙 들기도 하며 알고 싶던 것에 대해 궁금증까지 해결해 주는 마법 같은 책을 만나게 됩니다. 마법은 계속됩니다. 책을 재미있게 읽었을 뿐인데 학교 공부가 점점 쉬워집니다. 다른 아이들 말을 잘 이해할 수 있게 됩니다. 선생님에게 칭찬도 받지요. 외계어로 가득했던 교과서가 쉬워지고 단원 평가에서 난생처음 백 점을 받기도 합니다.

재미있는 책이 생겼다면 쓰기를 해보면 됩니다. 오늘 나의 감정을 일기로 쓰거나 여행이 좋았다면 좋았던 기억을 글로 남겨 보면 됩니다. 문제 상황이 보인다면 문제 상황에 대해 의견을 내세우는 글을 쓰면 되지요. 글을 쓰면 어떤 일이 생기나요? 읽기로 올라온 학습 능력에 가속도가 붙습니다. 가속도는 중학생, 고등학생이 되면 날개를 달게 됩니다. 초등학교 때는 몰랐던 독서의 진가가 서서히 수면 위로 올라옵니다. 중간, 기말 지필고사뿐만 아니라 모든 과목 수행평가에서도 높은 점수를 받습니다. 고등학교 내신도, 수능 성적도 걱정이 없습니다.

이 과정은 반짝, 잠깐 이루어져서는 안 됩니다. 초등 고학년까지는 당연하고 중등, 고등학년까지 이어져야 합니다. 독서에 가장 많은 시간을 할애할 수 있는 초등학교 시절은 독서하기에 더할 나위 없는 황금기입니다. 독서를 하면 꿈이 생기고 스스로 학습을 이어 가는 자기 주도성이 길러집니다. 내적 성장을 통해 더 많은 독서와 글쓰기를 할 수 있는 원동력으로 작용합니다. 부모가 억지로 힘들게 끌고 가지 않아도 아이 스스로 공부할 수 있습니다. 아이가 행복하게 읽고 즐겁게 쓰면 이 모든 과정이 자연스럽게 일어납니다.

영어와 수학 학원에 가야 해서 시간이 부족하다면 자투리 시간을 활용해 주세요. 아이가 학교와 학원에 가고 숙제하는 시간을 제외하고 무엇을 하는지 잘 살펴보기를 바랍니다. 분명히 동영상을 보고나 게임을 하는 시간이 있을 것입니다. 그 시간에 책을 읽을 수 있도록 환경을 마련해 주면 됩니다. 가족 모두가 정해진 시간에 책을 읽어도 좋습니다. 책을 읽고 가족이 함께 대화하거나 점수 내기를 하면 독서를 재미있는 놀이로 인식하게 됩니다. 지속하려면 재미가 있어야 합니다. 재미가 있으려면 그 행동을 일단 해야 하고요. 독서 코칭이 필요한 이유입니다. 티칭이 아닙니다. 말로 알려주는 것이 아니라 아이가 책과 가까워지도록 절대적인 시간과 공간을 마련해 주면 됩니다.

이 책 한 권을 정독하고 난 지금, 독서 코칭 전문가가 될 준비가 되었을까요? 기억이 잘 안 나는 부분이 있다면 실천 포인트들만 꼼꼼하게 다시 보아도 좋습니다. 천천히 제대로 읽는지 확인하고 제대로 읽을 수 있도록 소개한 다양한 방법으로 실천해 보면 됩니다. 다양한 글쓰기 중에서 나이에 맞게 혹은 쓰기 능력에 맞게 아이가 잘할 수 있는 것부터 조금씩 쓸 수 있도록 지도해 주세요. 그리고 많이 칭찬해 주세요. 읽고 쓰려고 애쓰는 아이의 과정을 칭찬해 주면 됩니다. 독서 코칭 전문가의 길은 멀리 있지 않습니다. 부모가 독서의 중요성을 깨닫는 순간, 아이와 책 읽기를 함께 하는 순간, 아이가 써온 글을 읽고 칭찬하는 순간이 부모도 독서 코칭 전문가가 되는 순간입니다.

아이가 처음 돌잡이를 하던 때를 떠올려 보세요. 아이의 행복한 미래를 바라며 함박웃음 짓던 그날, 우리는 아이가 행복하게 학습하는 길을 함께 걸어갈 의무를 어깨에 짊어졌습니다. 아이와 함께 독서를 통해 걸어갈 모든 준비는 마쳤습니다. 오늘 당장 아이와 좋아하는 책을 한 권 골라 보세요. 도움이 필요하다면 언제든 도움을 주겠습니다. 독서의 힘을 믿는 부모에게는 언제든 제 어깨를 빌려줄 준비가 되어 있습니다. 이 세상의 모든 아이가 책과 평생 함께하면 좋겠습니다.